KB211078

회복과 세움

회복과 세움

발　　　행 | 2020년 12월 15일

발 행 처 | 예수교대한성결교회 총회(도서출판JKSC)

발 행 인 | 김윤석

편　　　집 | 총회 교육국

등　　　록 | 1974.2.1. No. 300-1974-2

www.sungkyul.org

보 급 처 | 총회 교육국

　　　　　070-7132-0020

제　　　작 | 도서출판 하늘기획

값 9,000원

회복과 세움

도서출판
JKSC

Covid 19가 중국의 우한으로부터 시작되더니 2020년 한 해를 다 집어 삼켜버리고 말았습니다. 코로나는 이 나라뿐 아니라 전 세계를 위협하여 경제, 정치, 사회적인 심각한 타격을 입히고 있으며 인간 개개인의 삶에도 심각하리만큼 큰 변화를 주고 있고 지금까지 여전히 현재진행형입니다.

이 영향은 교회도 예외가 될 수 없었습니다. 언제든지 어디서든지 자유롭게 하나님을 찬양하고 예배 할 수 있었던 우리들이었습니다. 그러나 방역으로 인해 예배에 대한 통제가 이루어졌고, 그에 따라 2020년 한 해가 다 가도록 온전한 예배를 드릴 수 없었습니다. 아울러 소모임(구역 등) 역시 가질 수 없었습니다. 매우 안타까운 현실이었습니다. 이러한 상황이 앞으로도 얼마나 지속될지 아무도 예측을 할 수 없습니다.

그렇지만 감사하게도 모이면 모이는 대로, 혹 모이지 못하면 그러한 대로 사용할 수 있는 소그룹 및 개인 묵상교재로 충분히 활용할 수 있는 신앙성숙을 위한 [품성교육교재]가 발간되어 기쁨을 금할 수 없습니다.

신앙인은 육적인 삶을 살면서 아울러 영적인 삶을 사는 존재입니다. 육이 매이면 영도 자유롭지 못함은 사실입니다. 그러나 영이 자유로우면 육은 자동적으로 매임에서 해방 받습니다. 하나님의 성품은 곧 우리가 지향해야 할 성품입니다(벧후 1:4). 나의 성품이 바로 설 때 세상은 우리를 감당하지 못합니다.

아무쪼록 본 교재를 잘 활용하시어 시대와 환경을 이기기에 조금도 부족함이 없는 성결인으로 굳게 세워지기를 소망하면서, 존경하고 사랑하는 필진들이 흘린 귀한 땀방울의 결정체인 이 교재를 기쁘게 추천드립니다.

2020년 12월 15일
총회장 **김윤석** 목사

소그룹 활용 방법

문안 → 신앙고백 → 찬송 → 기도 → 말씀

→ 합심 기도하기 → 찬송(헌금) → 헌금기도

→ 주기도문 → 광고(다음모임) → 교제와 친교

'회복과 세움'은

COVID19로 모두가 한자리에 모일 수 없을 때도
소그룹에서 사용할 수 있는 교재입니다.

각자 있는 곳에서 말씀을 묵상하고, SNS를 통해 교제할 수 있도록
'함께 나눠요'와 '함께 기도해요' 코너를 만들었습니다.

'함께 나눠요', '함께 기도해요'를 통해 소그룹 모임에서 서로의 생각을 나누며,
중보기도할 수 있도록 이끌어주는 교재입니다.

*성품의 정의와 핵심가치는 아이비엘피코리아 (IBLP-Korea)와 *Charater First!*®
한국품성계발원의 허락을 받고 사용하였습니다.

CONTENTS

복음에는 능력이 있습니다 (1)

> 하나님께 삶을 내어드리고 항복한다는 것은 우리의 성격을
> 억누르는 것이 아니다. 하나님은 우리의 독특한 성품을 사용하기 원하신다.
> 우리의 독특한 성품은 하나님께 드릴수록 더 강화된다.
> "우리가 하나님께 더 많이 항복할수록 우리는 더 진정한 우리가 된다."
>
> - 릭 워렌 RICK WARREN -

　　우리는 역사를 통해 배웁니다. 그 가운데 하나가 복음이 있는 곳에는 반드시 변화와 부흥이 있었습니다. "홍수에 마실 물이 없다"는 옛말과 같이 오늘날 다양한 매체를 통해 설교가 넘쳐나지만 변화와 부흥의 소식은 잘 들리지 않습니다. 종종 교회 공동체의 위기를 말합니다. 최근 통계에 의하면 한국교회는 1995년을 정점으로 폭발적이었던 성장이 멈췄다고 합니다. 더군다나 90년대 전까지만 해도 한국교회는 믿지 않는 사람들에게 호감을 주는 종교였지만 90년대 이후 비호감, 2천년 대 들어와서는 반감의 징후들이

소그룹 인도 ─────────────────────

사도신경 : 다 같이 | 찬송 : 286장(통 218) | 기도 : 회원 중 | 본문말씀 : 사 43:7, 롬 10:13
새길말씀 : 롬 5:5 | 헌금 찬송 : 259장(통193) | 헌금 기도 : 회원 중 | 주기도문 : 다 같이

여기저기 나타나고 있습니다. 심지어 세상이 교회를 개혁하겠다고 목소리를 높이는 실정입니다. 한국교회를 보면서 절벽 끝에 선 위기라고 말합니다. 이는 전 세계적인 추세라고도 합니다. 설상가상으로 최근 코로나19로 인해 모이는 것마저 힘들어진 한국교회와 성도들은 절체절명의 시간을 보내고 있습니다.

우리가 살아가는 이 시대가 그 어느 때 보다 복음이 절실히 필요한 이유입니다. 그러나 실망하거나 절망하지 마십시오. 왜냐하면 복음이 있는 곳에는 반드시 변화와 부흥이 있기 때문입니다.

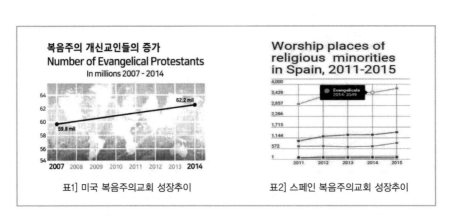

표1] 미국 복음주의교회 성장추이   표2] 스페인 복음주의교회 성장추이

최근 흥미로운 연구결과들이 발표되고 있습니다. 미국 전문조사기관인 퓨 포럼 리서치(Pew Forum on Religion & Public Life)가 '미국의 변화하는 종교적 지형'을 토대로 복음주의 개신교인들이 증가했다는 결과를 발표했습니다(표1). 그 보고에 의하면 2007년부터 2014년까지 7년간 미국 내 복음주의 교인의 수는 2백만 명 가량 늘었으며, 실제로는 5백만 명 가량 증가했을 것이라고 합니다. 에반젤리컬 포커스(Evangelical Focus)라는 언론사의 연구결과를 보면, 미국뿐 만 아니라 스페인도 최근 2015년 기준으로 5년간 825개의 복음주의교회가 생겼습니다(표2). 이는 복음주의 교회가 하루에 12개씩 세워진 것입니다. 대표적인 카톨릭 국가인 브라질의 경우도 브라

질 국립 통계원(IBGE)이 최근 발표한 자료에 따르면 향후 10년 안에 복음주의 교회의 교인 수가 전체 인구의 52%를 육박할 것이라고 전망합니다.

전 세계적으로 사회 전반의 여론은 개인주의, 물질주의, 반기독교정서로 기울고 있는 것이 사실입니다. 주목해야 할 것은 성장하는 교회가 사회변화에 민감하게 반응하며 그 변화를 수용한 자유주의적 교회가 아니라 그 변화에 타협하거나 휩쓸리지 않고 복음을 수호한 복음주의 교회라는 사실입니다. 그렇습니다. 복음에는 능력이 있습니다. 오늘날과 같은 위기의 때, 교회의 역할은 복음을 바로 세워 초대교회와 같이 예수 그리스도의 이름 앞에 자신의 생명까지 내놓을 수 있는 그리스도인, 예수 그리스도의 제자, 예수 그리스도의 자녀, 예수 그리스도의 순결한 신부를 세우는 것입니다.

복음(福音)이란 무엇일까요?

사전적 의미는 '복된 소식', '반가운 소식'입니다. 성경은 복음을 '비밀'이라고 정의합니다(엡6:19). 복음을 아는 사람은 다 알아도 모르는 사람은 절대 알 수 없는, 보물섬에 감추어진 보물과 같다는 것입니다. 복음을 이해하기 위해서는 인간 창조의 목적과 우리의 믿음을 알아야 합니다.

하나님께서 사람을 창조하신 목적은 무엇일까요?

성경은 사람의 창조 목적을 '하나님께 영광을 돌리기 위함'(사43:7)이라고 선포합니다. '영광을 돌린다'는 말은 많은 의미를 포함하고 있어 설명하기가 쉽지 않습니다. 헬라어로 '영광'($\delta \acute{o} \xi \alpha$:독사)은 '인정한다'는 의미를 포함합니다. 예를 들어 우리는 일상에서 의자를 신뢰하기 때문에 의자에 앉아 몸을 맡기고 의지합니다. 몸을 맡기고 의지한 만큼, 의자를 통해 우리는 쉼을 얻고, 안정감과 평안을 경험합니다. 같은 이치로 "내가 예수 믿는다"라는 말은 예수 그리스도께 내 삶과 모든 문제를 맡기고 의지한다는 것을 의미합니다. 그럴 때 우리는 예수 그리스도를 통해 쉼을 얻고 안정감과 평안을 경험합니다.

하나님을 인정하는 것이 하나님께 영광 돌리는 것입니다. 주님을 인정할 때, 완전히 맡기고 의지할 수 있습니다. 창조의 목적은 한마디로 '하나님께서 창조하신 사람에게 인정받기 원하신다' 는 것입니다. 이사야 43장 21절 말씀에는 창조의 목적을 '찬송받기 위해 창조하셨다' 라고 선포합니다. 찬송은 하나님이 나에게 어떤 존재인지를 인정하고, 내 삶의 주인임을 인정하는 적극적인 표현입니다. 그저 음정 박자에 맞춰 노래 부르는 것이 아닙니다.

믿음이란 무엇일까요?

성경은 오직 '믿음으로 구원받는다(히10:39)' 라고 하며, 아울러 '예수 그리스도의 이름으로만 구원받을 수 있다.' (롬10:13)라고 선포합니다. "다른 이로서는 구원을 받을 수 없나니 천하사람 중에 구원을 받을만한 다른 이름을 우리에게 주신 일이 없음이라 하였더라"(행4:12)는 말씀과 같이 예수 그리스도를 믿어야만 구원을 받습니다. 예수 그리스도를 믿는다는 것은 자녀, 외모, 진로, 진학, 건강, 재정, 신앙, 인간관계, 가정 관계 등 내 삶의 모든 문제를 하나부터 열까지 주님께 온전히 맡기고 의지함을 의미합니다. 삶의 문제 가운데 하나만 맡기는 사람과 여덟이나 아홉을 맡기고 의지하는 사람이 우리 보기에는 많이 달라 보여도 온전히 맡기지 못하는 것은 마찬가지입니다. 하나님께서 말씀하시는 믿음은 하나부터 열까지를 전부 맡기고 의지하는 온전한 믿음입니다.

세상에서 거짓말은 작은 죄이며 연쇄살인은 큰 죄입니다. 그래서 작은 죄에 대하여는 관대합니다. 하지만 하나님께는 작은 죄와 큰 죄의 경중이 아니라 우리에게 죄가 있다는 것이 문제가 됩니다. 하나님은 작은 죄라도 용납하지 않으십니다. 마찬가지로 용서도 그렇습니다. 사람들은 거짓말 같은 죄는 흔쾌히 용서할 수 있지만 연쇄살인 죄는 어떤 대가를 치루더라도 용서할 수 없다고 생각합니다. 그러나 하나님은 거짓말한 죄인이나 연쇄 살인한 죄인이나 동일하게 용서하실 수 있습니다. 중요한 사실은 하나님께서 죄에 대한 대가를 지불하심으로 누구나 회개를 통하여 차별없이 용서받을 수 있는 길을 열어 두신 것입니다. 누구에게나 믿음으로 살 수 있는 길을 열어 놓으신 것이 세상과 다른 하나님의 구원방식입니다.

믿음도 그러합니다. 우리가 보기에는 자기 삶의 아홉을 맡긴 사람이 그렇지 못한 사람보다 구원에 더 가까운 것 같지만 하나님 앞에서는 맡기지 못한 것이 문제입니다. 하나님이 주인 되심을 철저하게 인정하고 자기 삶과 모든 문제를 맡기고 의지하며 살아가는 것이 하나님이 원하시는 믿음입니다. 성도들에게 있어서 구원받는 믿음이 이런 것이라고 한다면, "불가능하다" "현실은 그렇게 쉽지 않다" "너무나 율법적이다"고 반응할지도 모릅니다. 그렇다면, 입술로는 하나님이 내 삶의 주인이라고 고백하지만 여전히 내가 주인이 되어 자신의 뜻을 주장하고 고집하는 삶을 살고 있지 않은지 점검해야 합니다. 내 삶 속에서 하나님을 인정하지 않으면서 원망과 불평을 일삼으며 욕심에 치우친 삶을 사는 명목상의 그리스도인으로 살아가고 있는 것이 아닌지 다시 자신을 돌이켜 보아야 합니다.

어떻게 하나부터 열까지 모든 문제를 하나님께 맡기고 의지하는 온전한 믿음에 이를 수 있을까요?

용희라는 4학년 남학생이 있었습니다. 조선족 어머니를 둔 다문화가정에서 자랐습니다. 어머니의 영향으로 말을 배우면서 중국어와 한국어가 뒤섞인 이상한 말을 했고 친구들은 이런 용희를 보면서 떼국 놈이라고 놀렸습니다. 용희는 폭력으로 반응했고 결국 주의력 결핍, 과잉행동 장애를 가진 아이가 되어 천덕꾸러기로 살았습니다. 이런 용희가 교회를 오게 되었습니다. 교회에서도 역시 천덕꾸러기였습니다. 어느 날 공과 시간에 믿음을 설명하기 위해서 질문을 합니다. "용희야 돈이 많이 생겼는데 누군가에게 맡겨야만 한다면 누구에게 맡길 수 있을까?" 용희는 망설임 없이 "없어요"라고 말합니다. 한동안 계속해서 "누구에게 맡길 수 있을까?" "없어요"라는 대화가

오고 가다가 용희가 갑자기 "맡길 사람 있어요"라고 말합니다. "그게 누구인데?" 용희는 "엄마요!"라고 대답합니다. "왜"라고 묻자 용희는 이렇게 대답합니다. "엄마가 나를 사랑하니까 맡길 수 있어요"

　그렇습니다. 우리의 한 번뿐인 소중한 인생과 인생의 문제를 하나님께 전부 맡기고 의지하는 것은 불가능해 보이기도 합니다. 하지만 하나님의 사랑을 경험하게 되면 나를 향한 크고 놀라운 사랑에 감동하게 되고, 나를 사랑해 주시는 하나님께 내 인생과 모든 문제를 맡기고 의지할 수 있게 됩니다. "하나님의 사랑을 경험하는 것"이 곧 "하나님을 만나는 것"입니다. 하나님의 사랑을 경험하게 되면 인생과 인생의 모든 문제를 하나님께 맡기고 의지할 수 있는 온전한 믿음의 사람이 됩니다.

하나님께서 우리에게 인정과 찬양을 받고자 하는 것은 우리를 향한 '사랑'입니다

　하나님의 사랑을 경험하지 못하면, 하나님을 신뢰할 수 없고 자기의 삶을 맡기고 의지할 수 없으며 자기 인생만을 최고의 가치라고 믿고 자기사랑으로 살게 됩니다. 세상의 방법으로 세상의 성공을 위해 노력하고 투자하며 살아갑니다. 그러나 결국 얻는 것보다 잃어버리는 것이 더 많습니다. 평안함과 안정감, 쉼은 잃어버리고 마음속에 두려움, 원망, 비교의식에 사로잡혀 불평과 불만으로 살게 됩니다. 많은 것을 소유하고 생활의 풍족함을 누리면서도 극단적인 선택을 하는 기업가나 연예인들이 이와 같은 경우입니다.

　나는 나의 모든 인생 문제를 나를 사랑하시는 예수 그리스도께 전적으로 맡기고 의지함으로 나를 향한 하나님의 사랑을 인정해야 합니다. "소망이 우리를 부끄럽게 하지 아니함은 우리에게 주신 성령으로 말미암아 하나님의 사랑이 우리 마음에 부은바 됨이니"(롬5:5)라고 선포하시는 말씀을 붙잡고 하나님의 사랑이 내 마음에 채워지기를 성령님께 기도해야 합니다. 사실을 말하는 것으로는 도무지 변하지 않는 사람이나 상황도 하나님의 사랑으로 말하며 행동할 때, 하나님은 선한 길로 인도하시며 변화시킬 것입니다. 성도는 주님의 사랑을 통해 도우시는 성령의 능력을 경험하며 승리의 삶, 믿음의 삶, 성결의 삶을 살아야 합니다. 사랑의 복음은 우리의 인생을 회복시키고 변화시킬 것이며, 세상이 알 수 없고 줄 수 없는 영, 혼, 육의 안정감과 평안과 쉼을 주며 하나님 나라를 살게 할 것입니다.

함께 나눠요

1. 내 삶에서 하나님께 전적으로 맡기고 의지하지 못하는 것은 무엇인가요?

2. 내 삶에서 하나님의 사랑을 경험했던 일은 언제였나요?

3. 내게 하나님의 사랑으로 기도하고 말해야 하는 사람과 상황은 무엇인가요?

함께 기도해요

믿음의 형제·자매에게 _____

_____ 기도를 부탁합니다.

복음에는 능력이 있습니다 (2)

지난 과에서 복음이 무엇인지 나누었습니다.
이번 과에서는 복음으로 살아가기 위한 구체적인 방법들을 살펴보겠습니다.

복음이 무엇일까요?

복음을 한마디로 정의하면 "인간에게 인정과 찬양받기 원하시는 하나님의 창조 목적을 이루어 드리는 것"입니다. 그렇다면 하나님이 우리에게 인정받고 싶어 하시는 것은 무엇일까요? 그것은 우리를 향하신 하나님의 사랑입니다. 이것이 복음의 핵심입니다. 예수님은 십자가에 달리시기 전에 이렇게 말씀하셨습니다. "곧 내가 그들 안에 있고 아버지께서 내 안에 계시어 그들로 온전함을 이루어 하나가 되게 하려 함은 아버지께서 나를 보내신 것과 또 나를 사랑하심 같이 그들도 사랑하신 것을 세상으로 알게 하려 함이로소이다"(요17:23)

소그룹 인도

사도신경 : 다 같이 ┃ 찬송 : 289장(통208) ┃ 기도 : 회원 중 ┃ 본문말씀 : 요 17:23
새길말씀 : 갈 2:20 고전 13:12 ┃ 헌금 찬송 : 455장(통502) ┃ 헌금 기도 : 회원 중 ┃ 주기도문 : 다 같이

우리를 창조하시고 죄로 인해 깨진 관계를 회복시키려고 독생자 아들을 속량 제물로 주신 하나님의 사랑, 우리를 너무나 사랑하셔서 하나님 아버지의 뜻에 순종하여 십자가에서 죽으심으로 우리의 죄를 속량하시고 부활의 감격으로 살아갈 수 있는 부활의 첫 열매가 되신 예수 그리스도의 사랑, 그 사랑을 우리 마음 가운데 채우시고 죄로 인해 타락한 사람들의 마음 가운데 계속해서 흘러가게 하시는 성령님의 사랑(롬 5:5), 그 사랑이 흘러넘침으로 우리의 삶 속에 하나님의 사랑, 은혜, 공급, 인도, 통치, 다스림이 인정되어 하나님의 나라가 이 땅 가운데 회복되고 확장되는 것이 바로 복음입니다. 갈라디아서 2장 20절에서 "내가 그리스도와 함께 십자가에 못 박혔나니 그런즉 이제는 내가 사는 것이 아니요 오직 내 안에 그리스도께서 사시는 것이라"고 선포합니다.

십자가 대속 사건은 2천 년 전 이스라엘 땅에 하나님의 아들이신 예수님이 오셔서 죽으셨고 그 죽음이 숭고한 것입니다. 그러나 그 사실을 믿으면 용서함으로 죄의 문제가 해결되고 부활하심을 믿을 때 죽음의 문제가 해결된다는 단순한 것이 아니라 깊은 의미가 담겨져 있습니다. 더 중요한 문제는 예수 그리스도의 십자가의 사건이 너무 오래 된 2천 년 전에 이스라엘에서 일어났던 일이기에, 우리 크리스천조차도 종종 십자가의 의미를 상실한 채 자신이 삶의 주인이 되어 자기 사랑으로 살아간다는 것입니다.

초대교회 사도들은 예수님이 십자가에 못 박히실 때 자신들도 십자가에 못 박혀 죽었음을 가르쳤습니다. 뿐만 아니라 부활하신 예수님께서 내 마음 가운데 생명의 근원이 되셔서 함께 하심으로 부활의 소망을 가지게 됨을 선포하였습니다. "나는 십자가에서 이미 죽었음을 선포하고 사랑의 예수님께서 내 마음에 생명의 근원이 되셔서 나의 전부가 되셨고, 지금도 나의 전부이십니다. 이제 내가 사는 것이 아니라 예수님께서 나를 통해 사시기 때문에 예수님이 나를 통해 말씀하시고 내 삶을 통해 사람들에게 보이십니다." 하나님의 사랑이 하나님의 사람들에게 흘러가고 하나님의 나라는 회복됩니다.

이 시대의 진정한 위기는 이 복음(사랑)을 너무나 흔하게 접하고, 거기에 점차 익숙해지면서 복음을 지식으로만 아는 신앙인이 되었다는 것입니다. 많은 사람들이 요한복음 3장 16절을 암송하는 것으로 "나는 하나님의 사랑을 잘 알고 있다"고 오해합니다. 얼굴과 얼굴을 마주 대하는 것처럼 내 안에 채워진 하나님의 사랑이 사람들의 마음속에 흘러가서 사람들이 하나님을 느끼고 만나는 사건이 있어야 합니다. 하나님은 사람들이 주님의 사랑을 경험하기를 원하십니다(고전13:12). 이것이 복음인 사랑을 우리 마음에 채워야 하는 이유입니다. 하나님의 사랑을 만나는 순간, 우리는 복음의 능력으로 살게 됩니다.

복음의 능력으로 가정과 교회를 회복시켜야 합니다

성경은 가정과 교회의 역할에 대해 많은 부분을 사용설명서처럼 자세히 알려주고 있습니다. 그 이유는 가정과 교회를 통로로 하나님의 사랑이 흘러가기 때문입니다. 하나님의 사랑을 느끼지 못하면 하나님을 만날 수 없습니다. 이 시대는 교회가 공격받고 가정은 깨지고 있습니다. 우리나라의 이혼율이 혼인신고 대비 50%에 육박하고 있습니다. 부모를 통해 하나님의 사랑이 흘러가야 하는데 가정이 깨지고 있습니다. 깨진 가정의 배우자와 자녀들은 대부분 하나님의 사랑을 보고 듣고 느끼지 못하고 오로지 세상의 사랑을 채우며 살고 있습니다. 사람들의 대화 속에 "설교하지 말라"는 얘기를 한다는 것이 교회조차도 경건의 능력을 잃어버리고 경건의 모양만 남아 버린 것 같습니다.

세상은 하나님의 사랑이 흘러가지 못하도록 우리를 속입니다. 영화나 드라마 같은 미디어와 다양한 매체는 조건적이고 육체적인 사랑을 말하고, 마치 자기 사랑만이 사랑인 것처럼 오해하게 만듭니다. 세상에서는 무조건적이고 끝까지 사랑하시는 하나님의 사랑을 볼 수도, 들을 수도, 느낄 수도 없습니다.

그럼에도 불구하고 하나님께서는 교회와 가정의 두 기둥을 통해 복음을 세우고 그 사랑을 흘러가게 하십니다. 교회에서는 먼저 하나님의 사랑을 경험한 지체들과의 만남과 교제를 통해 하나님의 사랑을 보고 듣고 느끼게 됩니다. 가정에서도 배우자와 부모를 통해 하나님의 사랑을 보고 듣고 느끼게 됩니다. 그래서 이 악한 시대 가운데 교회와 가정이 공격을 받고 있는 이유인지도 모릅니다.

이런 어려운 상황 속에서 중요한 것은 바로 성도들이 사랑의 복음으로 무장되어야 합니다. 어떤 사람은 교회가 박해를 받고 있다고 합니다. 코로나 19로 인해 그 현상이 더 두드러졌다고 합니다. 하지만 곰곰이 생각해보면 교회가 박해를 받는 것은 우리가 복음을 가진 그리스도인답게 살지 못하고 세상과 구별되지 않은 채 세상의 방식으로 자기 사랑만 고집하며 살았기 때문이라는 생각도 듭니다. 그러므로 우리가 다시 하나님의 사랑의 복음으로 "네 마음을 다하고 네 목숨을 다하고 네 뜻을 다하고 네 힘을 다하여 주 너의 하나님을 사랑하라 하신 것이요 둘째는 이것이니 네 이웃을 네 몸같이 사랑하신 것이라 이보다 더 큰 계명이 없느니라."(막12:30-31)는 말씀에 순종하며 산다면 우리에게 허락하신 모든 공동체는 하나님의 나라로 회복될 것입니다.

말씀과 기도로 거룩하여 집니다

디모데전서 4장 5절은 "하나님의 말씀과 기도로 거룩하여짐이라"고 선포합니다. 성경은 말씀과 기도를 통해 복음의 회복이 가능하다고 말합니다. 말씀은 약속입니다. 약속에는 약속을 한 주체의 뜻이 담겨 있습니다. 12시에 만나자고 약속하면 12시에 반드시 만나겠다는 의지(뜻)가 담겨 있습니다. 성도는 하나님의 말씀과 기도로 거룩하여집니다. 거룩은 구별됨이며 완전한 사랑이자 성결입니다. 하나님은 우리를 거룩하게 하셔서 주님의 뜻을 이루십니다. 그 뜻은 내 안에 가득 채워진 하나님의 사랑과 온전한 믿음으로 사는 나를 통해 내게 허락하신 모든 공동체가 하나님의 나라로 회복되고 세워지는 것입니다. 공동체의 모든 지체도 사랑의 나를 통해 하나님 나라의 영광을 보고 함께 기뻐하고 즐거워하며 평안하여 만족한 삶을 살게 됩니다.

하나님 나라는 하나님의 통치와 다스림이 인정되는 곳입니다. 왕과 주인과 아버지되신 하나님께서 우리를 인도하시고 돌보시고 공급하시고 지켜주시고 함께 사는 곳이 바로 하나님 나라입니다. 로마서 5장 5절은 "소망이 우리를 부끄럽게 하지 아니함은 우리에게 주신 성령으로 말미암아 하나님의 사랑이 우리 마음에 부은바 됨이니"라며 성령으로 우리 마음에 하나님의 사랑을 채우셔서 하나님의 나라가 됨을 선포합니다. 지금 눈에 보이는 교회와 가정의 문제들이 있다면 하나님의 나라로 회복되도록 하나님의 사랑과 뜻을 믿고 기도해야 합니다. 하나님께서는 나에게 하나님의 사랑의 복음을 채우셔서 나를 통해 교회와 가정 그리고 나에게 허락하신 나라와 민족, 지역사회, 직장, 학교 등 모든 공동체를 하나님의 나라로 회복시키실 것입니다.

함께 나눠요

1. 초대교회 사도들이 가르친 십자가와 부활은 구체적으로 무엇인가요?

2. 복음을 세우는 두 개의 기둥은 무엇인가요? 그 방법은 무엇인가요? (ㄱ,ㅈ / ㄱ,ㅎ)

3. 말씀과 기도로 거룩하게 하나님의 나라로 회복될 대상은 무엇일까요? (ㄱ,ㄷ,ㅊ)

함께 기도해요

믿음의 형제·자매에게 _____

_____ 기도를 부탁합니다.

성품은 복음을 담는 그릇입니다

> 사람을 지성으로만 교육하고
> 성품을 교육하지 않는 것은 사회에 위협을 교육하는 것이다.
>
> - Teddy Roosevelt -

성품이란 무엇일까요?

성품이란 "환경에 구애받지 않고 바른 일을 올바르며 효과적으로 하는 마음의 내적 동기"를 의미합니다. 즉 아무도 보지 않을 때 나타나는 자기 자신의 모습 속에 진정한 성품이 있습니다. 성품에 대한 많은 정의가 있겠지만 우리가 다루게 될 성품은 완전한 모델인 예수 그리스도의 성품이요, 예수 그리스도께서 우리에게 본을 보여 우리도 그렇게 살라고 말씀하신 삶이자, 구체적인 명령입니다. 예를 들어, 순종 성품의 반대말은 불순종이 아니라 고집입니다. 하나님의 사랑을 알지 못하면 자기 자신만을 사랑하게 되고 하나님

소그룹 인도

사도신경 : 다 같이 | 찬송 : 484장(통533) | 기도 : 회원 중 | 본문말씀 : 마 22:37
새길말씀 : 고전 1:18 | 헌금 찬송 : 384장(통434) | 헌금 기도 : 회원 중 | 주기도문 : 다 같이

께 순종할 수 없어 고집스럽게 자신이 주인 된 삶을 살게 됩니다.

성경은 성품에 대하여 마태복음 22장 37절에서 "네 마음을 다하고 목숨을 다하고 뜻을 다하여 주 너의 하나님을 사랑하라"고 선포하고 있으며 베드로후서 1장 4절에서는 "이로써 그 보배롭고 지극히 큰 약속을 우리에게 주사 이 약속으로 말미암아 너희가 정욕 때문에 세상에서 썩어질 것을 피하여 신성한 성품에 참여하는 자가 되게 하려 하셨느니라"고 말씀하십니다. 신의 성품이란 곧 성결을 의미합니다. 레위기 11장 45절에 "내가 거룩(성결)하니 너희도 거룩(성결)하라"는 말씀처럼 성도로써 이 땅 가운데 성결한 하나님의 사람으로 변화 받고 성장하며 살아가기 위해서는 반드시 하나님의 형상을 회복해야 합니다.

하나님의 형상 회복이라는 복음의 본질은 하나님의 사랑 때문에 정욕(자기사랑)으로 세상에서 썩어질 것을 거절하고 신의 성품, 곧 하나님의 형상으로 이 땅을 사는 모습이자 하나님과의 사랑의 관계가 회복된 모습입니다. 하나님과의 사랑의 관계가 회복되지 않으면, 교회를 출석하고 직분을 받고 봉사를 해도 우리는 개인적 삶의 갈등, 자녀 문제, 부부 간의 문제 등 삶의 모습은 시기, 질투, 부도덕, 부정직, 분노, 근무태만, 무책임, 부정, 부패, 불평, 불만 등 여러 비인격적인 행위로 나타납니다. 그로 인해 우리는 좌절하게 되고 하나님 앞으로 나오지 못하게 됩니다.

분명한 것은 성도들에게 성품을 변화시키는 비법이 담겨 있지 않다는 사실입니다. 어떤 모임에서 잠깐 성품을 배우고 활동하는 것으로 성품이 온전히 변할 것이라는 기대를 하는 것도 아닙니다. 이것이 그 동안 성품교재가 표준화되지 못한 이유이기도 합니다. 본 교재는 다만 15가지 성품의 탁월한 핵심가치와 정의를 소개하고 성경의 인물과 사건을 통해 자신의 목소리로 신앙고백하게 하고 복음을 받은 사람이 이 땅에서 살아가야 할 그리스도의 명령인 성품을 구체적으로 실천해 볼 수 있는 기회를 제공할 것입니다.

성품이 왜 중요할까요?

성품은 복음을 담는 그릇입니다. 앞서 1과에서는 복음의 의미를 2과에서는 말씀과 기도로 세워야 할 다양한 공동체가 있음을 나누었습니다. 이제 말씀과 기도로 공동체를 세우기 위해 실질적으로 훈련할 15가지 성품을 살펴보게 될 것입니다. 구체적으로 성품을 훈련할 때 구체적인 복음의 능력을 경험할 것입니다.

복음은 모든 사람을 회복시키고 새롭게 합니다. 불행은 행복으로, 절망은 소망으로 회복될 것입니다. 몸과 마음도 회복될 것입니다. 슬픔은 기쁨으로 회복될 것입니다. 지옥을 경험하는 가정은 천국을 경험하는 가정으로 회복될 것입니다. 다툼과 분쟁은 화평으로 회복될 것입니다. 마음의 불안함은 평안으로, 그 누군가를 향한 증오는 사랑으로 회복될 것입니다. 저주는 축복으로, 비판은 칭찬과 격려로 회복될 것입니다. 거짓은 정직으로, 교만은 겸손으로 회복될 것입니다. 대적은 순종으로, 멸시는 공경으로 회복될 것입니다. 망함은 흥함으로, 진노는 복으로 회복될 것입니다. 우리 인생의 종착지가 지옥에서 천국으로 회복될 것입니다.

모든 사람들에게는 근본적인 삶의 변화와 회복이 필요합니다. 하나님과의 사랑의 관계가 깨어져 문제가 시작된 것이기 때문에 하나님과의 관계 회복만이 유일한 해결책입니다. 진정한 회복은 하나님과의 깨어진 사랑의 관계 회복에서부터 시작됩니다. 이 세상 사람들은 하나님과의 사랑의 관계가 깨어짐으로 수 많은 문제에 둘러싸여 불행하게 살고 있습니다. 하나님과의 관계 회복은 온전한 성품의 회복이자 하나님 형상의 회복이요. 곧 성결한 삶입니다. 이것이 복음입니다.

복음을 지식으로만 채우고 살아간다면 우리는 여전히 회복이 필요한 사람입니다. 예수님이 십자가에 죽으실 때 우리 자신도 죽었음을 선포해야 합니다. 이제 나는 죽었고 부활하신 예수님이 내 안에 나와 함께 계심으로 주님은 나를 향한 사랑을 확증하십니다. 나의 생명이 되시고 그 사랑으로 나의 마음을 가득 채우십니다. 내가 죽었음을 인정하고, 예수 그리스도의 이름을 부르며, 하나님 나라를 인정하는 가운데, 성령께서 역사하심으로 그 사랑을 흘려보내서 은혜를 베푸시고 하나님의 영광을 나타내십니다. 함께 하는 공동체 지체들도 하나님의 사랑을 보고 듣고 느끼게 합니다. 이 땅에서 영원한 하나님의 나라를 함께 기뻐하고 즐거워하며 평안과 만족을 주시는 복음의 능력을 누리며 살게 합니다. 이제 사람들은 나를 통해 예수님의 형상을 보고 예수님의 음성을 듣고 예수님의 사랑을 느낍니다. 온전한 성품을 통해 성결한 삶의 열매를 맺게 됩니다.

성품이 회복되려면 어떻게 해야 할까요?

그 동안 교회 안에서 성품 훈련이 없었던 것이 아닙니다. 매주 선포되어지는 설교 말씀은 가장 탁월한 성품 훈련이었으며 성경 말씀은 최고의 안내자였습니다. 이미 하나님의 성품에 완벽한 모델인 예수 그리스도께서 우리에게 본을 보여 주셨습니다. 하지만 하나님의 사랑을 느끼지 못하고 그 사랑을 만나지 못한 사람, 즉 자기를 사랑하고 자기가 인생의 주도권을 가진 사람은 육신의 정욕, 안목의 정욕, 이생의 자랑(요일2:12-17)을 기뻐하고 고집하기 때문에 피상적이고 무의미한 회개만을 반복함으로 변화되지 못하고, 세상 속에서 맛과 빛을 잃은 힘없고 능력 없는 그리스도인, 아직은 세상과 구별되지 않는 무기력한 그리스도인입니다.

예수 그리스도를 닮은 성품은 단지 나의 결단과 노력으로 되는 것이 아닙니다. 구하는 자에게 후하게 주시고 꾸짖지 않으시는 하나님께 주님의 사랑을 선물로 구해야 합니다. 하나님의 사랑으로 채워진다는 것은 성령 충만을 의미합니다. 성령 충만은 고린도전서 13장을 삶 가운데 재현할 때 이루어지며, 성령의 9가지 열매를 맺게 합니다. 우리가 먼저 사랑의 복음을 회복할 때, 주님의 성품이 나타나기 시작합니다. 성결의 은혜는 바로 하나님 사랑의 복음입니다. 이 사랑 때문에 자기를 포기하고 대가를 지불하며 헌신하고 예수 그리스도의 성품을 닮아 갑니다.

　이 성품 교재를 통하여 모든 공동체 가운데 하나님의 사랑이 흘러가기를 소망합니다. 하나님을 만나고 느낀 사랑으로 인해 예수 그리스도의 충성된 제자, 거룩한 자녀, 그리고 순결한 신부로서 성품 훈련이 시작될 것입니다. "십자가의 도가 멸망하는 자들에게는 미련한 것이요 구원을 받는 우리에게는 하나님의 능력이라"(고전1:18)는 말씀과 같이 이 땅 가운데 사랑의 복음을 흘려보내며, 온전한 그리스도인의 능력을 가지고 증인된 삶으로 나아가야 겠습니다. 성품의 변화는 하나님의 사랑을 깨닫는 데서부터 시작됩니다.

함께 나눠요

1. 성품이 회복되기 위해 하나님과의 (ㄱ,ㄱ)회복이 필요합니다. 이 말은 어떤 뜻일까요?

2. 최근 내가 회복되어야 할 문제가 있다면 무엇인가요?

3. 하나님의 사랑으로 채워진다는 것은 무엇을 의미하는 것일까요? (ㅅ.ㄹ.ㅊ.ㅁ)

함께 기도해요

믿음의 형제·자매에게 ＿＿＿＿＿＿＿＿＿＿＿＿＿＿＿＿＿＿＿＿＿＿

＿＿＿＿＿＿＿＿＿＿＿＿＿＿＿＿＿＿＿＿ 기도를 부탁합니다.

하나님이 주신 소명과 책임

책임감은 하나님과 다른 사람이 내게 무엇을 기대하는지를 알고 행하는 것입니다.

성경에서 책임감이란 의무를 가리킵니다. 로마서 13장 8절 "피차 사랑의 빚 외에는 아무에게든지 아무 빚도 지지 말라"에서 '빚'에 해당하는 헬라어 '오페일로(opheilo)'는 '빚지다, 마땅히 하다'라는 뜻으로 '마땅히 하는 일, 책임지는 일'을 가리킵니다.

책임감은 우리가 마땅히 해야 할 일과 연관되어 있습니다. 우리가 마땅히 해야 할 일이 무엇인지 알아야 책임감을 잘 감당할 수 있습니다. 그러므로 책임감 있는 사람은 하나님이 우리에게 무엇을 기대하는지를 알고 행하는 사람입니다.

하나님이 사람에게 주신 가장 첫 번째 책임은 무엇일까요? 바로 하나님께

소그룹 인도

사도신경 : 다 같이 | 찬송 : 259장(통 193) | 기도 : 회원 중 | 본문말씀 : 창 1:24-31, 3:1-13
새길말씀 : 창 1:28 | 헌금 찬송 : 545장(통 344) | 헌금 기도 : 회원 중 | 주기도문 : 다 같이

서 아담에게 주신 명령에서 찾을 수 있습니다. 하나님은 말씀으로 천지를 창조하신 후, 마지막으로 하나님의 형상을 따라 아담을 창조하셨습니다. 그리고 하나님께서 아담에게 "생육하고 번성하여 땅에 충만하라 땅을 정복하라 만물을 다스리라"고 말씀하셨습니다. 하나님은 처음 사람 아담에게 만물을 다스리는 일을 명령하셨습니다.

책임감 예화

1850년 콜체스터(Colchester)의 한 교회에서 작은 모임이 있었습니다. 이날은 폭풍우가 심하게 몰아쳤습니다. 이날 교회학교의 한 교사가 날씨가 나쁜데도 미리 교회에 가서 학생들에게 복음을 증거 하기 위해 열심히 준비를 했습니다. 잠시 후 17명의 학생들이 왔고, 이 교사는 열정을 다해 복음을 전했습니다. 그날 한 학생이 회개하고 그리스도를 영접하게 되었는데, 그가 바로 1800년대 후반 영국에서 가장 영향력 있는 설교가인 찰스 스펄전이었습니다. 스펄전이 회개하는데 쓰임 받은 이 교사는 하나님과 다른 사람이 내게 무엇을 기대하는지를 알았기에 폭풍우가 심하게 몰아치는 어렵고 힘든 환경 가운데에서도 굴하지 않고 교회로 갔습니다. 성실하게 복음 증거 할 준비를 행동으로 옮겼던 것입니다.

책임감을 갖고 일할 수 있는 능력을 부어 주십니다

에덴동산은 하나님과 인간 사이의 관계가 시작된 곳입니다. 하나님은 아담과 하와의 모든 필요를 아시고 충족시켜 주셨을 뿐 아니라, 다스리는 책임도 주셨습니다. 아담은 하나님의 명령을 받았고, 그 명령에 대한 책임을 갖게 되었습니다. 하나님께서 아담에게 다스리는 권한을 주실 때 그에 따른 능력도 함께 주셨습니다. 이것은 오직 사람만이 하나님의 형상으로 창조된 이유입니다. 하나님의 형상을 가진 사람만이 다스릴 수 있기 때문입니다. 육신의 부모도 자녀에게 무엇을 요구할 때, 책임질 수 있는 위치, 책임질 수 있는 능력을 보고 일을 맡기는 것과 같습니다. 자녀의 나이에 따라, 그에 맞는 책임을 맡깁니다.

아담은 만물을 다스리라는 하나님의 뜻을 따라 주님이 주신 지혜의 능력을 가지고 가장 먼저 모든 동물의 이름을 지어 주었습니다. 또한 2장 20절을 보면, 하나님께서는 하나님의 뜻을 잘 감당하도록 '돕는 배필'인 하와를 주셨습니다. 하나님은 자신의 형상을 따라 아담을 만드시고 아담에게 만물을 다스릴 수 있는 능력을 주셨을 뿐 아니라, 함께 동역 할 하와까지도 주셔서 책임을 감당하도록 하셨습니다.

"내가 주를 바라오니 성실과 정직으로 나를 보호하소서"(시 25:21)

변명하지 않고 책임을 질 줄 알아야 합니다

아담과 하와는 창조주 하나님의 명령을 따라 그 책임을 감당해야 했습니다. 그러나 아담과 하와는 먹지 말라 하신 선악을 알게하는 나무의 열매를 따 먹었습니다. 이처럼 하나님의 명령을 어겨 주님과의 관계가 깨졌습니다. 하와는 뱀의 유혹에 빠져 선악을 알게 하는 열매를 먹으면 '죽는다'는 말씀을 왜곡하여 '죽을 수도 있다'고 함으로 뱀의 올무에 걸려들었고, 결국은 뱀의 말을 듣고 먹었습니다. 뿐만 아니라 하와는 남편인 아담에게도 주어 선과 악을 알게 하는 나무의 실과를 먹게 하였습니다. 두 사람 모두 하나님의 명령을 어기고 책임을 다하지 못하였습니다.

더 큰 잘못은 하나님께서 아담과 하와를 찾으실 때 일어났습니다. 하나님께서 먼저 아담에게 잘못을 묻자, 아담은 '하나님이 배필로 주신 여자' 때문이라고 책임을 회피하였습니다. 아담은 아내인 하와뿐만 아니라, 하나님께 책임을 떠넘기며 변명한 것입니다. 하와 또한 뱀이 유혹해서 먹게 되었다고 뱀에게 책임을 전가 했습니다.

책임을 다 하지 못했을 때, 대부분의 사람들은 변명 합니다. 다른 사람의 탓으로 넘깁니다. 이로 인해 많은 갈등과 문제가 일어나고 관계가 깨어집니다. 성도는 어떻게 자신의 일에 책임을 져야 합니까? 자신의 책임에 대해 회피하거나 변명하지 말아야 합니다. 변명이 아니라, 성도는 책임지지 못한 것에 대해 자신의 실수와 잘못 그리고 부족함을 하나님과 사람 앞에 내어 놓고 용서를 구해야 합니다. 왜냐하면 하나님께서는 회개함으로 나가는 자들에게 용서와 구원의 은혜를 주시며, 더욱 성숙한 믿음으로 이끄시기 때문입니다.

"시험에 들지 않게 깨어 기도하라 마음에는 원이로되 육신이 약하도다 하시고"(마 26:41)

함께 나눠요

1. 가정과 사회에서 하나님께서 내게 주신 역할은 무엇입니까?

2. 내가 감당하기 가장 까다로운 책임은 무엇입니까?

3. 책임지기보다 변명하는 이유는 무엇입니까?

함께 기도해요

믿음의 형제·자매에게 ＿＿＿＿＿＿＿＿＿＿＿＿＿＿＿＿＿＿＿＿＿＿＿

＿＿＿＿＿＿＿＿＿＿＿＿＿＿＿＿＿＿＿ 기도를 부탁합니다.

희생도 감당하게 하는 책임감

책임감은 하나님과 다른 사람이 내게 무엇을 기대하는지를 알고 행하는 것입니다.

바울은 자신이 핍박했던 하나님의 교회들을 위해 자신의 일생을 바쳤습니다. 그는 '옥에 갇히고, 매도 여러 번 맞고, 강도를 만나고, 위험한 여행과 목마르고 굶어 죽을 위기들'을 겪었습니다(고린도후서 11장).

사람이 일생을 통하여 한번 겪을까 말까한 일들을 사도바울은 수없이 겪었습니다. 그런 와중에서도 바울은 자신의 안전과 안일을 위하기보다는, 극심한 고난과 어려움 속에서도 하나님의 부르심의 책임을 포기하지 않고 감당하기를 원했습니다. 유대인들과 타협하면서 이방인들에게 복음을 전하지 않았다면 큰 고난을 피해갈 수 있었을 것입니다. 그러나 하나님과 신앙공동체의 대한 사명을 분명히 알았기에 복음을 전파하는 일에 생명을 아끼지 않으

소그룹 인도

사도신경 : 다 같이 | 찬송 : 570장(통 453) | 기도 : 회원 중 | 본문말씀 : 고후 11:23-27
새길말씀 : 행 20:24 | 헌금 찬송 : 354장(통 394) | 헌금 기도 : 회원 중 | 주기도문 : 다 같이

며 책임을 다 하였습니다.

책임지는 삶에는 희생이 따릅니다

바울은 마음에 거룩한 부담감을 가지고 있었습니다. 그것은 바로 모든 교회를 위하여 염려하는 것이었습니다(11:28-29). 교회를 향한 애타는 마음을 가지고 사역을 감당했기에 수많은 위험도 감수하였습니다(23-27).

최근 큰 감동을 주고 있는 「그 청년 바보의사」라는 책이 있습니다. 주인공은 고대 의예과 91학번 안수현으로 군의관으로 복무하다가 예수님처럼 33세에 죽음을 맞이하였습니다. 촉망받는 33세의 젊은 의사의 안타까운 죽음이라고만 생각했던 사람들은 장례식을 통해 새로운 사실을 알게 되었습니다.

그는 인생을 바보처럼 살았습니다. 그가 인턴과 레지던트로 일할 때였습니다. 환자 이야기를 들어주느라 꼬박 밤을 새우며 졸던 바보의사, 병원에 입원했던 어린아이와의 약속을 지켜야 한다고 선물을 들고 부산까지 갔던 바보의사, 간호사가 약병을 깨자 자기가 책임지고 엑스트라로 일했던 바보의사, 병원이 파업을 할 때도 왕따를 당하면서까지 환자의 침상을 지켰던 바보의사였습니다. 그는 병원 앞 구두닦이 할아버지에게 하루도 빠짐없이 인사하고 손을 잡고 위로하며 사랑의 마음으로 대했고, 병원에서 세탁하던 아주머니에게 하나님의 사랑과 복음을 전했던 바보의사였습니다. 그는 '하나님의 사람'으로서 '의사'로서 책임을 다하며 사명을 감당하였습니다.

중요한 것은 오래 사는 것이 아니라, 어떻게 사느냐 하는 것입니다. 사도 바울은 하나님의 사명을 감당하며 책임지기 위해 죽음의 자리도 마다하지 않았습니다. 자신에게 주어진 책임을 감당하며 그에 따른 희생을 감당하고자 할 때, 하나님은 이길 힘을 주십니다.

하나님의 사랑은 사명을 끝까지 책임지게 합니다

그리스도인의 헌신적인 삶은 복음의 은혜에 대한 책임을 발견한 사명자의 몫입니다. 사명이 투철한 바울은 여러 나라와 민족에게 복음을 전하는 책임을 다 감당했습니다. 그 이유는 다메섹으로 가는 길에 사랑의 주님을 만났기 때문입니다. 그분의 사랑 때문에 그는 예수 그리스도의 기쁜 소식, 복음을 전하기 시작했습니다. 그는 하나님의 부르심에 충실했습니다. 바울은 주님께로부터 받은 사명 곧 하나님의 은혜의 복음을 증거 하는 일에 생명을 걸었습니다.

누가 이 시대에 자신의 목숨을 내놓고 주님의 몸 된 교회를 섬길 수 있습니까? 오직 하나님의 사랑으로 충만한 사람입니다. 우리가 말씀과 기도로 하나님의 음성을 들을 때, 하나님의 사랑을 느끼게 되고 우리의 마음은 그 사랑으로 채워집니다. 삶의 주도권을 하나님께 맡기고, 하나님의 사랑을 느끼고 그 사랑이 내 마음에 채워지면, 어떤 어려움 속에서도 맡은 사명을 감당하며 나아갈 수 있습니다. 수많은 믿음의 선조들이 순교의 삶을 살 수 있었던 것도, 심지어 십자가를 거꾸로 지면서까지 순교할 수 있었던 것도 주님의 은혜와 사랑이 너무 크다는 사실을 깨달았기 때문입니다.

연약함 중에도 사랑의 능력으로 책임을 감당할 수 있습니다

1950년 6.25 동란이 일어나고, 모두가 피난하였습니다. 손양원 목사가 목회하는 애양원교회 성도들은 피난길에 목사님도 동행할 것을 권하였습니다. 많은 성도들이 피난하지 못한 상태였기에 손양원 목사는 배를 타고 떠나는 척하며 송별예배를 드렸고, 마지막 찬송을 부른 후 갑자기 배에서 홀로 뛰어내렸습니다. 성도들이 "왜 함께 피난을 가지 않느냐"고 묻자, 손양원 목사는 "주의 이름으로 죽는다면 얼마나 영광스럽겠습니까? 내가 피신하면 남아 있는 일천 명이나 되는 양떼들은 어떻게 합니까?"라고 말하였습니다. 그렇게 남게 된 손양원 목사는 1950년 9월 13일 48세의 나이로 인민군에 의해 체포되고, 9월 28일 저녁 11시 여수 근교 미평에서 총살당하였습니다. 그는 그리스도의 복음을 전하다가 인민군 총의 개머리판으로 얼굴을 맞고 피투성이가 되었으며, 마지막 죽음의 자리에서 두 손 모아 하나님께 간절히 기도하시며 순교 하셨습니다.

　오늘날 '사랑' 이라는 단어는 남녀 간의 육체적이고 불완전하며 조건적인 사랑만을 강조하는데 사용되고 있습니다. 각종 영상 매체와 대중가요는 육체적인 사랑을 강조합니다. 깨어진 이 시대의 가정과 사회에 하나님의 사랑이 무엇보다 필요한 이유입니다. 주님이 주신 사랑의 능력은 사도 바울과 손양원 목사뿐만 아니라 주의 자녀들로 하여금 사명을 책임지고 감당하게 하는 힘입니다. 주의 사랑으로 무장한 사도바울을 통해 놀라운 복음의 진보가 있었듯이, 하나님의 자녀인 성도들도 놀라운 복음의 진보가 일어나도록 주의 사랑에 붙들려 맡은 바 책임을 다해야겠습니다.

"우리가 이 계명을 주께 받았나니 하나님을 사랑하는 자는 또한 그 형제를 사랑할지니라"(요일 4:21)

함께 나눠요

1. 책임지기 위해 내가 희생했던 것은 무엇입니까?

2. 책임감을 회피하고 싶을 때는 언제인가요?

3. 사랑의 마음으로 맡은 책임을 감당한 일들은 무엇이었습니까?

함께 기도해요

믿음의 형제·자매에게 ～～～～～～～～～～～～～～～～～～～～～～～～

～～～～～～～～～～～～～～～　　　　　　　　　　기도를 부탁합니다.

죽음으로 보여주신 책임감

책임감은 하나님과 다른 사람이 내게 무엇을 기대하는지를 알고 행하는 것입니다.

성경에서 복음, 즉 가장 기쁜 소식(Good News)은 나의 죄를 사해 주시기 위해 예수 그리스도께서 이 땅에 오셔서 나를 하나님의 자녀 삼으신 일입니다. 바로 십자가의 사랑입니다. 예수님의 생애를 기록한 사복음서(마태복음, 마가복음, 누가복음, 요한복음)를 복된 소식(Gospel), 기쁜 소식이라고 부르는 이유가 여기 있습니다. 이 복음의 중심에 예수님의 죽음, 곧 십자가 사건이 있습니다. 부활 사건과 함께 십자가의 사건은 예수님이 하신 사역들 중에 가장 중요한 일입니다. 예수님은 이 중차대한 사역을 책임지고 완수하셨습니다.

예수님의 죽음, 십자가의 사건은 단순한 죽음의 기록이 아니라, 하나님의

사도신경 : 다 같이 | 찬송 : 찬송 : 70장(통 71) | 기도 : 회원 중 | 본문말씀 : 눅 22:39-46, 요 19:28-30
새길말씀 : 요 19:30 | 헌금 찬송 : 164장(통 154) | 헌금 기도 : 회원 중 | 주기도문 : 다 같이

뜻을 이루고 이 세상에 가장 기쁜 소식을 전하는 놀라운 사건이었습니다.

책임을 이루기 위해서는 하나님의 뜻을 구해야 합니다

예수님은 하나님의 뜻을 이루기 위해 이 땅에 오셨습니다. 그 뜻은 바로 십자가의 죽음으로 세상 죄를 짊어지는 것이었습니다. 이로 인해 사람들은 구원을 얻으며, 하나님의 자녀로 살게 되었습니다. 예수님은 병자, 귀신들린 자, 연약한 자들을 고치셨지만 병원을 세우지는 않으셨습니다. 예수님은 자신을 향한 하나님의 뜻이 무엇인지 정확히 알고 있었습니다. 하나님의 뜻을 알면, 그에 대한 책임도 바르게 감당할 수 있습니다.

예수님은 십자가의 길을 생각하며 너무 힘이 들어 감람산에 제자들을 데리고 기도하러 가셨습니다. 예수님은 '내 마음이 매우 고민하여 죽게 되었으니' 라고 말씀하시며 제자들에게 깨어 기도할 것을 명하셨습니다. 예수님 자신도 이 상황을 어찌할 수 없어 죽을 것 같다고 말씀하셨습니다. 하지만 예수님은 어려움과 힘든 상황이 몰려 올 때도, 자신의 뜻이 아니라 하나님의 뜻을 구하였습니다.

우리가 이 세상을 살아갈 때, 수많은 어려움과 힘든 상황들이 옵니다. 그 때 하나님이 원하시는 뜻이 무엇인지 말씀과 기도로 하나님께 구하여야 합니다.

핑계치 않는 것이 책임 있는 모습입니다

예수님이 하나님의 뜻을 구하며 기도할 때, 제자들은 전혀 다른 모습을 보여 주었습니다. 예수님을 따라 감람산에 온 제자들은 깨어 있어야 했지만, 피곤한 눈을 뜰 수 없어 잠이 들었습니다. 예수님은 이를 보고 마음은 원이로되 육신이 약하다고 하셨습니다. 많은 사람들은 책임을 완수하려다가 닥친 어려움과 환난으로 인해 포기하거나 좌절 합니다. 그 때 대부분의 사람들은 핑계를 대기 시작합니다. 환경을 탓합니다. 사람을 탓합니다. 연약함을 탓합니다. 부족함을 탓합니다. 이렇게 사명을 감당하지 못한 것에 대한 책임을 전가합니다. 수많은 유혹으로 말미암아 책임을 완수하지 못하고 결국 핑계하기 급급합니다.

수많은 어려움에도 불구하고 책임지는 자세는 변명하거나 핑계대지 않는 것입니다. 믿음의 성도는 핑계 하지 않고 하나님께 잘못을 고백하며, 회개하는 책임 있는 모습으로 나아가야 합니다.

기도할 때, 책임을 감당할 수 있습니다

책임감을 깨닫고 기도할 때 하나님은 모든 일들을 감당할 수 있는 능력을 주십니다. 예수님은 자신의 사명과 책임이 너무도 커서 번민 중에 감람산으로 올라가 기도하셨습니다. 얼굴을 땅에 대고 엎드려 기도했습니다. 그리고 담대히 아버지의 뜻을 받아들였습니다. 주님의 진정한 능력은 기적이나 표적만을 이야기하는 것이 아닙니다. 오히려 기도는 어떤 역경과 어려움도 이기며, 맡은 책임을 감당하는 능력입니다. 그 기도의 능력으로 십자가의 고통과 죽음의 길을 감당하신 것입니다. 하나님께 맡기는 간절한 기도 가운데 일어나는 능력이 그 일을 가능케 했습니다. 기도는 육신이 약하여 자신의 책임을 감당하지 못하는 사람들에게 유혹과 시험에 들지 않게 하며, 맡은 책임을 완수할 수 있도록 합니다.

육신이 약하여 유혹과 시험에 드는 것이 당연하다고 생각하는 성도들이 있습니다. 시험과 유혹에 들 수밖에 없다고 핑계합니다. 기억하십시오. 시험과 유혹을 받을 수 있으나 결국 빠지는 것은 잘못된 것입니다. 그래서 시험과 유혹에 들기 전에 깨어 기도하라고 하신 것입니다. 깨어 기도하지 않아 시험에 든 것임을 알아야 합니다. 예수님은 죽음의 잔을 피해 갈 수 있는 유혹과 시험에 대해 깨어 기도함으로 하나님의 뜻을 따라 자신의 책임을 다 감당했습니다.

기도를 통해 우리는 주님이 주신 사명과 책임을 감당할 힘을 얻고, 유혹과 시험에 빠지지 않게 됩니다. 맡은 사명을 감당하기 위해 주님은 간절히 기도

했습니다. 기도는 육신이 약하기에 시험에 들지 않도록 하는 능력입니다(마 26:41). 깨어 기도하신 예수님은 세상 죄를 지고 가라는 명령을 받아 십자가에 달려 죽으심으로 하나님의 뜻을 이루었습니다.

예수님은 맡은 책임을 다하시며, 십자가에서 '다 이루었다'고 말씀 하셨습니다(요 19:30). 하나님이 부여하신 명령을 따라 예수님이 그 맡은 사명을 다 이루었던 것처럼 하나님의 성도인 우리도 깨어 기도하면서 성령의 지혜와 능력으로 맡은 사명을 잘 감당하며 주님이 주신 책임을 다 이루어야겠습니다.

"예수께서 신 포도주를 받으신 후에 이르시되 다 이루었다 하시고 머리를 숙이니 영혼이 떠나가시니라"(요 19:30)

함께 나눠요

1. 책임져야 할 나의 사역이나 역할은 무엇입니까?

2. 책임지지 못했을 때 핑계한 적이 있나요? 받아들이지 않는 이유는 무엇일까요?

3. 책임지기 힘든 일을 위해 기도할 때, 하나님은 어떻게 인도하셨나요?

함께 기도해요

믿음의 형제·자매에게 _____

_____ 기도를 부탁합니다.

성령의 열매, 절제

절제는 성령의 시험을 통과한 결과로 얻는 성령의 능력입니다.

절제라는 말은 헬라어 '엥크라테이아(engkrateia)'로서 자기를 억제하거나 통제할 줄 안다는 뜻입니다. 자신의 욕망과 욕정을 잘 다스릴 때 사용된 덕목입니다. 절제는 몸의 욕구를 성령의 통제에 굴복시키는 내적인 능력입니다. 이 단어는 운동선수가 자신을 엄격히 다스리며 훈련하는 모습을 나타냅니다. 잠언 16장 32절에서 "노하기를 더디 하는 자는 용사보다 낫고 자기의 마음을 다스리는 자는 성을 빼앗는 자보다 나으니라"고 하였습니다. 자기를 통제하는 것이 성을 점령한 것보다 어렵다는 뜻입니다. 그래서 우리도 성령의 도움 없이는 절제를 온전히 이룰 수 없습니다.

하나님은 아담과 하와에게 에덴에서 마음껏 누릴 수 있는 모든 환경을 주

소그룹 인도

사도신경 : 다 같이 | 찬송 : 찬송 : 540장(통 219) | 기도 : 회원 중 | 본문말씀 : 창 2:15-17, 3:1-6
새길말씀 : 창 2:17 | 헌금 찬송 : 357장(통 397) | 헌금 기도 : 회원 중 | 주기도문 : 다 같이

셨습니다. 그러나 안타깝게도 아담과 하와는 뱀의 유혹에 넘어지고 말았습니다. 절제 되어야 할 인간의 욕망과 탐욕을 이용하여 뱀은 그들을 유혹하며 넘어뜨렸습니다.

절제 예화

화창한 어느 가을날, 한 농부가 토실토실하게 여문 옥수수를 엮어 나뭇가지에 매달았습니다. 한 다람쥐가 그 광경을 숨어서 지켜본 후, 날마다 농부의 눈을 피해 옥수수가 매달려 있는 나뭇가지에 올라가 배가 터지도록 옥수수를 먹었습니다. 며칠 후 농부는 나무 밑에 떨어져 죽어 있는 다람쥐를 발견했습니다. 너무 먹어 둔해진 몸을 이끌고 내려오다가 발을 헛디뎠던 것입니다. 이 다람쥐처럼 절제를 하지 못해 실패하는 경우를 종종 볼 수 있습니다. 말의 절제, 행동의 절제, 음식의 절제 등 내 삶에 절제가 필요한 부분은 참으로 많습니다. 당신의 경우는 어떻습니까? 요즘, 당신의 삶에 절제가 필요한 부분은 무엇인가요? 있다면 성령님의 도움을 구하시기 바랍니다.

탐욕과 욕망의 유혹은 절제하지 못하게 합니다

하나님은 에덴동산의 모든 나무의 실과는 먹되 동산 중앙에 있는 선악을 알게 하는 나무의 실과는 먹지 말라고 명령하셨습니다. 먹는 날에는 반드시 죽으리라고 말씀 하셨습니다. 그러나 사단은 하와를 유혹합니다. '하나님께서 참으로 너희에게 동산 모든 나무의 열매를 먹지 말라 하시더냐?' 뱀은 하와에게 묻습니다. 뱀은 인간의 욕망과 탐욕을 교묘히 부추겼습니다. 다 먹을 수 있지만, 단 하나 먹지 못하는 것을 부각시키며 먹어도 결코 죽지 않고 오히려 눈이 밝아져 하나님처럼 선악을 알게 된다고 하와를 유혹 했습니다. 하와는 선과 악을 알게 하는 나무를 보며, 먹음직하고 보암직하고 지혜롭게 할 만큼 탐스러운 나무라 생각하며 유혹을 못 이기고 따 먹었습니다. 그리고 아담에게도 주었습니다. 언제나 사단은 육신의 정욕과 안목의 정욕과 이생의 자랑으로 세상의 사람들을 유혹(요일 2:16) 합니다.

아담과 하와는 사탄의 간교한 유혹 앞에 힘없이 무너졌습니다. 사탄은 선악과에 관심을 갖게 하여 탐욕과 정욕, 교만한 마음을 부추겼습니다. 판단력을 흐리게 하고 유혹하여 선악과를 따먹게 하였습니다. 불순종의 죄를 범하게 하였습니다. 눈에 보이는 것에만 집중하여 하나님의 뜻을 잊어버리게 하였습니다.

이 세상을 살아갈 때, 수많은 선악과의 유혹이 우리 앞에 다가옵니다. 이 시대는 영상 시대이기에 보는 것에 더 주의해야 합니다. 인터넷, 텔레비전, 유튜브나 각종 영상 매체 그리고 컴퓨터 게임 등을 통하여 폭력, 선정적인 쾌락, 안목의 정욕을 자극하며 유혹합니다. 육신의 정욕과 안목의 정욕과 이생의 자랑이 우리를 유혹하여 절제하지 못하게 만듭니다.

"노하기를 더디 하는 자는 용사보다 낫고 자기의 마음을 다스리는 자는 성을 빼앗는 자보다 나으니라"(잠 16:32)

절제는 성령의 능력으로 나타나는 성령의 열매입니다

성도 안에 계시는 성령으로 정신을 차리고 깨어 있지 않으면, 절제하지 못하고 보는 것으로 인한 생각의 오염, 행동의 타락을 가져옵니다. 미디어 매체들은 물질만능주의를 주입시킵니다. 잘못된 가치관이 어느 순간 우리의 관점과 세계관으로 자리 잡고 우리를 유혹에 빠지게 합니다. 영적으로 깨어 말씀과 기도로 성령 충만하지 않으면 아담과 하와처럼 유혹에 넘어질 수밖에 없습니다.

성경은 특히 말의 절제를 강조합니다. 절제되지 못한 언어생활로 많은 관계가 깨어집니다. "말이 많으면 허물을 면키 어려우나 그 입술을 제어하는 자는 지혜가 있느니라"(잠 10:19), "우리가 다 실수가 많으니 만일 말에 실수가 없는 자라면 곧 온전한 사람이라 능히 온 몸도 굴레 씌우리라"(약 3:2)고 성경은 우리의 언어생활이 얼마나 중요한지를 알려 주고 있습니다.

어떻게 절제할 수 있습니까? 성령을 따라 행할 때, 성령은 성도가 절제할 수 있도록 이끄십니다. 절제는 성령의 열매입니다(갈 5:22). 사도바울은 성령으로 행할 때, 육체의 욕심을 이루지 아니하기에 성령의 인도하심을 따라 행하라고 명령합니다(갈 5:16-26). 육체의 욕심을 따라 산다면, 음행, 더러운 것, 시기, 분냄 등으로 육체의 일이 드러나지만, 성령을 따라 살면, 성령의 열매들을 맺게 되고 그 중에 절제의 열매도 맺게 됩니다. 그러므로 유혹에 빠지지 않고 절제의 귀한 열매를 맺기 위해 말씀과 기도로 성령의 인도하심을 받아 살아야 하겠습니다.

"오직 성령의 열매는 사랑과 희락과 화평과 오래 참음과 자비와 양선과 충성과 온유와 절제니 이같은 것을 금지할 법이 없느니라"(갈 5:22)

함께 나눠요

1. 나는 언제 절제하지 못하나요?

2. 절제하지 못해 화가 날 때, 어떻게 하나요?

3. 신앙이 성장하면서 나는 얼마나 절제하고 있나요? 숫자 1부터 10으로 말해 봅시다.

함께 기도해요

믿음의 형제·자매에게 〰〰〰〰〰〰〰〰〰〰〰〰〰〰〰〰〰

〰〰〰〰〰〰〰〰〰〰〰〰〰〰〰 기도를 부탁합니다.

영혼 구원을 위한 절제

절제는 성령의 시험을 통과한 결과로 얻는 성령의 능력입니다.

고린도 지역 신앙공동체는 많은 문제점에 직면하고 있었습니다. 공동체의 분열과 분쟁이 있었습니다(고전 1-4장). 도덕적 음행에 대한 문제(고전 5-6장), 결혼 생활(7장), 우상숭배 음식과 예배 생활(8-11장), 은사(12-14장), 부활(15장) 등의 삶과 신앙의 교리적 갈등을 가지고 있었습니다. 이러한 모든 문제들이 일어나는 이유 중 하나가 절제의 부족이었음을 사도바울은 지적하였습니다.

사도바울은 신앙생활을 운동경기에 비유하였습니다(24절). 선수들의 훈련에서 가장 중요한 성품 중 하나가 바로 절제입니다. 지금도 경기를 앞두고 선수촌에 들어가면 엄격한 통제 속에서 훈련을 받습니다.

소그룹 인도 ────────────────────────────

사도신경 : 다 같이 | 찬송 : 429장(통 489) | 기도 : 회원 중 | 본문말씀 : 고전 9:24-27
새길말씀 : 고전 9:27 | 헌금 찬송 : 356장(통 396) | 헌금 기도 : 회원 중 | 주기도문 : 다 같이

승리의 삶을 위해 절제가 필요 합니다

사도바울은 복음, 기쁜 소식을 전하여 몇 사람이라도 구원을 얻기 위해 온 힘을 쏟았습니다(고전 9:19-23). 이러한 자신의 모습을 달음질하는 자로 비유하였습니다. 그 당시 고린도에서는 3년마다 열렸던 이스머스(Isthmus) 경기가 있었습니다. 아덴에서 열린 올림픽 다음으로 유명한 경기였습니다. 경기 참가자들은 10개월간 훈련을 했다는 증거를 제시해야 했고, 경기 시작 30일 전부터 체육관에서 훈련 했습니다. 그런 후에 경기에 참가할 수 있었습니다.

운동선수들은 승리를 위해서 훈련했고, 훈련을 위해서는 절제가 필요했습니다. 절제 없는 훈련은 없으며, 승리를 위한 훈련은 하루아침에 이루어지지 않습니다. 운동선수의 절제는 자신을 다스려 훈련하는 것입니다. 모든 방면에 절제가 필요합니다. 생각, 취침, 음식, 생활 등을 철저히 절제해야 합니다. 운동선수가 자기와의 싸움에서 이기지 못하고 자기 마음대로 한다면, 시합에 나가서 우승을 기대할 수 없습니다.

세계적인 육상스타인 '벤 존슨'은 서울올림픽에서 1등을 했지만 금지된 약물 복용으로 1등이 취소되고 자기 나라로 쫓겨 갔습니다. 결국 자기 속에서 일어나는 작은 유혹을 뿌리치지 못하고 절제하지 못해 그런 결과를 맞이한 것입니다.

성도는 썩지 아니하는 관을 얻기 위해 절제해야 합니다

달리기 선수는 상을 받기 위해 목표를 향해서 달리는 것이 중요하고, 권투 선수는 상대를 쓰러뜨리는 것이 중요합니다(26절). 이처럼 운동선수들은 승리의 관을 얻고자 절제하며 훈련 했습니다. 이 세상의 썩어질 관을 위해서도 절제하며 훈련합니다.

성도는 무엇을 위해 절제하며 훈련 합니까? 성도는 영원히 썩지 아니할 상을 받기 위해 절제하며 훈련해야 합니다. 사도바울은 다음과 같이 말합니다.

"지금 우리가 겪는 일시적인 가벼운 고난은, 비교할 수 없을 정도로 영원하고 크나큰 영광을 우리에게 이루어 줍니다. 우리는 보이는 것을 바라보는 것이 아니라, 보이지 않는 것을 바라봅니다. 보이는 것은 잠깐이지만, 보이지 않는 것은 영원하기 때문입니다"(표준새번역, 고후4장17-18절). 성도가 이 세상에서 절제하는 것은 이 세상의 것을 얻으려는 것이 아닙니다. 하나님이 주시는 상급이 영원한 나라에 있기에 이 세상에서 참고 견디며 절제하는 것입니다. 영원한 삶을 위하여 성도는 육체를 절제하고 훈련하도록 마음을 다스리시는 성령께 오늘도 자신의 삶을 맡겨야겠습니다.

자신의 몸을 쳐 복종하는 것이 절제입니다

세상에서 성공의 기준은 많은 것을 소유하면서 부자 되는 것입니다. 그러나 더 중요한 것은 그 사람이 왜 성공하려했고 왜 부자가 되려고 했는가의 동기입니다. 우리가 무엇을 추구하든지 궁극적으로 '하나님의 영광'을 위한 목표가 분명하지 않으면 헛된 것입니다. 보이는 것은 다 지나가고 언젠가는 내 곁을 떠나갑니다. 그럼에도 불구하고 많은 사람들이 떠나보낼 것을 위해 삽니다. 그러므로 삶의 목표가 주님의 영광임을 분명히 해야 합니다. 고등학교 3학년 학생들은 개인 시간이 거의 없을 정도로 공부에 매달립니다. 왜 이처럼 힘들게 공부를 합니까? 고 3의 기간이 자신의 미래를 결정짓는다는 믿음이 있기에 힘들어도 절제하고 인내하며 공부 합니다. 자신의 진학을 위해서 많은 노력을 기울입니다.

사도바울은 영혼을 살리는 구원사역에 자기 삶을 바쳐 힘을 다했습니다 (고후9장). 그래서 구원 사역을 위해 복음을 전하며 자신의 권리는 포기하였습니다. 그는 모든 사람에게 자유로우나 스스로 모든 사람에게 종이 되었다고 고백하였습니다. 자신의 몸을 쳐 복종하였습니다(27절). 그는 영혼구원을 위해 자신의 자유를 섬기는 일에 사용하였습니다. 운동선수와 같이 절제하며 영원한 상을 향해 달려감으로 섬김과 영혼구원사역을 이룬 것입니다.

바울은 절제된 성도의 모습을 다음과 같이 말하였습니다. "그러므로 여러분은 먹든지 마시든지, 무슨 일을 하든지, 모든 것을 하나님의 영광을 위하여 하십시오. 여러분은 유대 사람에게도, 그리스 사람에게도, 하나님의 교회에도, 걸림돌이 되지 마십시오. 나도 모든 일을 모든 사람의 마음에 들게 하려고 애씁니다. 그것은 내가 내 이로움을 구하지 않고, 많은 사람의 이로움을 추구하여, 그들이 구원을 받게 하려는 것입니다"(표준새번역 고전 10:31-33)

"그러므로 너희가 더욱 힘써 너희 믿음에 덕을, 덕에 지식을, 지식에 절제를, 절제에 인내를, 인내에 경건을, 경건에 형제 우애를, 형제 우애에 사랑을 더하라"(벧후 1:5-7)

함께 나눠요

1. 나는 지금 어떤 일을 하며 절제하고 있습니까?

2. 절제하기 위해 내가 포기했던 것이 무엇이었습니까?

3. 마음이 다스려지지 않을 때, 진정하기 위해 나는 어떻게 합니까?

함께 기도해요

믿음의 형제·자매에게 _____

_____ 기도를 부탁합니다.

온전함으로 나가는 절제

절제는 성령의 시험을 통과한 결과로 얻는 성령의 능력입니다.

절제는 '성령의 시험들을 통과한 결과로 얻게 되는 성령의 능력'이며, 성령의 열매 중 하나입니다. 성도는 성령의 인도하심을 따라 살아갈 때, 절제의 열매를 맺습니다. 사도바울은 갈라디아서 5장 22-23절에서 성령의 아홉 가지 열매를 소개하는데, 마지막 열매가 바로 '절제'입니다. 오늘날 우리 사회는 점점 빨라지고, 개인주의와 더불어 경쟁이 팽배해졌습니다. 이런 환경 가운데 충동적 행동은 더 많아져 이로 인한 사회적 사건사고가 곳곳에서 나타나고 있습니다. 바로 절제라는 성품이 부족해서 일어나는 현상들입니다.

예수님을 잡기 위해 바리새인과 사두개인, 서기관들은 도발적인 언행으로 예수님에게 도전 하였습니다. 그럼에도 예수님은 자신을 잘 절제함으로 하나

소그룹 인도 ────

사도신경 : 다 같이 | 찬송 : 390장(통 444) | 기도 : 회원 중 | 본문말씀 : 히 12:1-3
새길말씀 : 히 12:1-2 | 헌금 찬송 : 342장(통 395) | 헌금 기도 : 회원 중 | 주기도문 : 다 같이

님의 뜻을 다 이루었습니다.

어려움과 부끄러움을 참음으로 절제 하였습니다

예수님은 십자가의 죽음을 앞에 두고 베드로와 야고보와 요한을 데리고 감람산에 올라가셨습니다. 예수님은 매우 고민하고 슬퍼하셨습니다. 가장 처절한 고통이 십자가의 죽음이라는 사실을 잘 알고 계셨기 때문입니다.

십자가는 당시에 가장 고통스럽고 끔찍한 사형 방법이었습니다. 세상 사람이 모두 저주를 퍼붓는 형장에서 가장 비참하게 죽이는 형벌이었습니다. 사실 예수님은 십자가를 지실 아무런 이유가 없었습니다. 무죄하신 예수님이 그 고통스러운 십자가를 지신다는 것은 괴로운 일이었습니다. 고난의 잔을 피하게 해 달라고 할 만큼 힘들었습니다. 십자가가 고통과 죽음의 상징이 된 이유입니다.

십자가에 달린다는 것은 고통스러운 것뿐만 아니라 부끄러운 것이었습니다. 왜냐하면 십자가에 달린 사람은 흉악한 죄인이기 때문입니다. 주님도 죄인으로 낙인 찍혀 죽게 된 것이었기에 부끄러운 일이었으나, 전혀 개의치 않고 십자가를 지셨습니다(2절). 예수님은 이런 고통과 부끄러움을 참으며 하나님의 뜻을 이루었습니다. 하나님의 뜻을 위해 자신의 유익을 절제하고 고통과 부끄러움의 십자가를 지셨습니다.

"이러므로 우리에게 구름 같이 둘러싼 허다한 증인들이 있으니 모든 무거운 것과 얽매이기 쉬운 죄를 벗어 버리고 인내로써 우리 앞에 당한 경주를 하며 믿음의 주요 또 온전하게 하시는 이인 예수를 바라보자 그는 그 앞에 있는 기쁨을 위하여 십자가를 참으사 부끄러움을 개의치 아니하시더니 하나님 보좌 우편에 앉으셨느니라"(히 12:1-2)

비난과 비판도 참으며 절제 하였습니다

성도는 모든 무거운 것과 얽매이기 쉬운 죄를 벗어 버리고 인내로써 경주하며 살아갑니다. 믿음으로 경주하며 살아갈 때, 자신과 함께 하는 사람도, 반대하는 사람도 만나게 됩니다. 예수님은 자신을 십자가에 못 박으며 반대하는 사람들을 향해 참으며 용서의 기도를 하였습니다(3절). 예수님은 십자가상에서 못 박은 자들을 향해 저주하지 않았습니다. "아버지 저들을 사하여 주옵소서. 자기들이 하는 것을 알지 못함이니이다"(눅 23:34).

반대하는 사람들을 대하는 우리의 모습은 어떻습니까? 감정을 다스리지 못하고 저주하고 비판하고 욕하지 않습니까? 조그마한 비판에도 힘들어하며 절제하지 못하고 분노의 삶을 살고 있지 않습니까? 하지만 주님은 자신을 반대하는 자들에게도 참으며 마음을 다스리며 절제하고 하나님의 뜻을 이루었습니다.

모든 것을 체험하신 주님을 바라볼 때, 성령으로 절제할 수 있습니다

믿음으로 살아가면서도 절제하고 잘못된 감정을 다스리고 분노와 화를 참는 것은 쉬운 일이 아닙니다. 어려움과 고통을 이겨나가며 마음을 다스리기도 쉽지 않습니다. 그래서 인간인 우리는 어쩔 수 없다고, 절제하지 못하는 것을 당연하게 여기며 합리화하는 경우도 있습니다. 그러나 절제하지 못하여 죄를 범하는 것은 잘못된 것이며, 회개해야 합니다.

어떻게 절제할 수 있습니까? 믿음의 주요 온전하게 하시는 예수님을 바라보아야 가능 합니다(2절). 왜냐하면 삶의 주인 되신 주님께서 성령을 통해 절제할 수 있는 능력을 보여 주셨기 때문입니다. 나의 능력이 아닌 성령의 능력으로 성도는 예수님이 보여주신 삶을 살 수 있습니다.

예수님은 기도하시며 힘든 마음을 다스리고 자신의 뜻을 버렸습니다. 완전히 자기를 포기할 수 있었습니다. 주님을 반대하던 사람들을 향한 분노와 고통과 부끄러운 모든 마음을 다스리며 절제하여 십자가의 길을 걸어갔습니다. 십자가의 죽음이 하나님의 뜻이었기 때문입니다. 십자가를 진다는 것은 자기를 부인하는 것입니다. 하나님의 뜻을 따른 예수님은 십자가에 자신을 던지셨습니다. 그 때 하나님은 그를 다시 일으키셔서 부활의 첫 열매로 세워주셨습니다.

하나님의 자녀로 가장 지혜로운 선택은 하나님의 뜻을 알고 그 뜻을 이루신 예수님께 나의 눈을 고정시키고 살아가는 것입니다. 그렇게 주님을 바라보며 나아갈 때, 성령이 하나님의 뜻을 이룰 수 있는 능력, 어떤 십자가라도 질 수 있는 능력을 주십니다. 성령의 도움 없이는 분노와 고난, 고통 속에서 자신을 절제하는 것이 불가능합니다.

내 생각, 내 경험, 내 지식, 내 유익이 아주 분명할 때가 많습니다. 주님을 섬기면서, 내 자신의 뜻이 가장 큰 장애물이 됩니다. 성도가 자신의 뜻을 내려놓고 예수님을 바라보며 나갈 때, 성령은 하나님의 뜻을 이루도록 우리 마음과 우리 삶에서 역사하고, 절제가 우리 자신의 성품의 열매로 나타날 것입니다.

"그리스도 예수의 사람들은 육체와 함께 그 정욕과 탐심을 십자가에 못 박았느니라"(갈 5:24)

함 께 나 눠 요

1. 내가 참지 못하는 말과 행동은 무엇입니까?

2. 나를 비판하는 사람들의 말을 잘 듣고 받아들입니까? 아니면 변명합니까?

3. 나를 반대하는 사람을 어떻게 대합니까? 받아들이고 함께 한 적이 있습니까?

함 께 기 도 해 요

믿음의 형제·자매에게 _____

_____ 기도를 부탁합니다.

하나님의 손길을 보는 지혜자

지혜는 삶의 모든 경험 속에서 하나님의 손길을 보는 것입니다.

지혜에 해당하는 대표적인 히브리어는 '호크마'로 '총명하다. 신중하다'
는 뜻을 가지고 있습니다. 지식과 지혜는 차이가 있습니다. 지식은 많이 배
웠다는 교만의 함정에 빠질 수 있지만, 지혜는 성숙할수록 머리를 숙이며 겸
손해 집니다. 무엇을 많이 안다고 지혜로운 것은 아닙니다. 지식을 잘 쓸 줄
알아야 지혜가 있는 것입니다. 세상의 철학은 지혜를 구하지만 그리스도가
없는 철학은 사랑도 없고 참 지혜도 없습니다. 지혜란 하나님께서 행하시는
환경들을 보며 주님의 섭리를 깨달을 때 생겨납니다. 다윗이 사울을 피하여
도망하던 시절에 마온 땅에 나발이라는 사람이 살았습니다. 나발은 큰 부자
였지만 완고하고 어리석었습니다(3절). 그러나 그의 아내 아비가일은 총명하

소그룹 인도

사도신경 : 다 같이 | 찬송 : 380장(통 424) | 기도 : 회원 중 | 본문말씀 : 삼상 25:2-8
새길말씀 : 삼상 25:3 | 헌금 찬송 : 446장(통 500) | 헌금 기도 : 회원 중 | 주기도문 : 다 같이

고 아름다운 여인이었습니다. 아비가일은 하나님께서 선하게 행하시는 손길을 깨닫는 지혜를 가지고 있었습니다(삼상 25:30-31).

어느 집에 효심 많은 맏며느리가 있었습니다. 이 며느리는 "네 부모를 경외하라"(레19:3)는 하나님의 말씀에 순종하여 하나님께서 자신에게 허락하신 시부모님이라고 믿는 믿음으로 경외하며 살았습니다. 그녀는 비록 살림은 넉넉하지 않았지만 식탁을 같이 해서 밥을 먹을 때면 항상 시부모님 국에 고기를 듬뿍 담아 드리고 자신의 국에는 고기 건더기를 넣지 않았습니다. 그래서 식사기도 시간에 시부모님은 몰래 국을 바꿔 놓곤 했습니다. 그러면 맏며느리가 곧 눈치를 채고 그것을 도로 바꾸어 놓았습니다. 세월이 지나서 맏며느리의 자녀들은 항상 맛있는 음식이 생기면 부모님을 먼저 대접하는 효성이 지극한 자녀들이 되었습니다.

그런데 그 옆집에는 하나님을 알지도 믿지도 않는 둘째 며느리가 있었습니다. 시부모님을 대접하는 것을 힘들다고 생각하며 정성껏 대접하지 않고 대신 자기 자녀들만 잘 먹였습니다. 시부모님께 내놓는 음식은 언제나 가장 험한 그릇에 먹다 남은 것을 담아서 드렸습니다. 둘째 며느리도 할머니가 되어 자녀들의 음식 시중을 받게 되었습니다. 자녀들은 항상 맛있는 것은 감추었다가 손자들에게 주었고, 변변치 않은 음식들만 어머니에게 대접했습니다. 음식을 담아온 그릇 역시 험한 그릇이었습니다. 그녀는 가슴이 너무 아팠지만 자기가 대접한 대로 결국 대접을 받는 것을 깨닫고 후회했습니다. 그러나 이미 때는 늦었습니다. 그녀는 탄식 속에 남은 일생을 보내야 했습니다.

은혜를 아는 지혜로운 사람

나발은 양이 삼천 마리, 염소 천 마리를 가지고 있는 큰 부자였습니다. 나발이 마온에 살면서 갈멜에서 많은 양과 염소 떼를 먹이면서도 악한 사람들의 피해를 보지 않을 수 있었던 것은 다윗이 그들을 지켜주었기 때문이었습니다. 시간이 지나 다윗이 어려울 때에 종들을 나발에게 보내어 도움을 요청했지만 나발은 다윗을 모욕하며 거절합니다. 나발은 다윗이 베푼 은혜를 모욕으로 갚았습니다. 다윗이 화가 나서 군사들을 무장시키고 나발의 집을 치러 갈 때에 나발의 아내 아비가일이 이 소식을 듣게 됩니다. 아비가일은 급히 떡과 포도주, 과일, 곡식, 양고기 등을 준비하여 다윗에게 나아가 땅에 엎드려 절하며 남편의 어리석음을 용서해 달라고 간청합니다(삼상 25:23-25). 하나님의 살아계심과 나중에 하나님께서 다윗에게 베푸실 큰 은혜를 말하며 어리석은 자를 위해 피를 흘리지 말 것을 다윗에게 간청할 때, 다윗은 그를 용서하게 됩니다. 아비가일의 총명과 지혜가 나발의 집에 임할 화를 면하게 했습니다.

아비가일은 다윗이 자신의 집과 재산, 종들의 생명을 지켜주고 보호해 준 은혜를 알았습니다. 또한 하나님께서 다윗에게 은혜를 베풀어 전쟁에서 승리하고 사울의 손에서도 구원해 주실 것을 알았습니다. 그 은혜를 알고 갚을 수 있는 것이 지혜입니다. 우리 신앙인들 중에 어떤 이들은 수없이 많은 은혜를 받았음에도 은혜를 가볍게 여기는 어리석음을 범하며 살아가기도 합니다. 신앙인은 하나님의 은혜를 잊지 않고 기억하는 지혜로운 사람이 되어야합니다. 죄로 말미암아 영원한 형벌에 던져질 나를 십자가의 피로 대속하시고 구원해 주신 은혜를 잊지 않아야 합니다. 하나님께서 아들까지 버리고 나를 사랑하신 은혜를 기억하고 주님 앞에 나와 예배하며 섬길 때에 지혜가 빛을 발하게 됩니다.

"여호와를 경외하는 것이 지혜의 근본이요 거룩하신 자를 아는 것이 명철이니라"(잠 9:10)

하나님의 섭리를 아는 지혜로운 사람

아비가일은 자신의 집과 남편을 치기 위해 군사를 데리고 오는 다윗을 만났을 때, 단순히 죽음의 화를 면하기 위한 용서만을 구하지 않았습니다. 자신 뿐 아니라 다윗을 향한 하나님의 섭리와 손길을 위한 용서를 빌었습니다. 그녀는 지금은 다윗이 쫓겨 다니는 상황이지만 하나님께서 다윗을 든든히 세우시고, 다윗의 원수들을 물리치시며, 이스라엘의 지도자로 세우실 섭리와 손길을 보는 지혜를 가졌습니다. 그녀는 전능하신 하나님을 신뢰하는 마음이 있었기에 하나님께서 행하시는 일들이 선하게 이루어질 것을 믿고 용서를 구했습니다.

믿음이 없는 사람들은 눈에 보이는 것으로만 판단합니다. 그래서 환경이 어렵고, 고난이 오면 쉽게 낙심하고 절망합니다. 모든 것을 육신의 눈으로만 보고 판단하기 때문입니다. 반면 믿음의 사람들은 고통의 환경에도 육신의 눈으로는 보이지 않지만 선한 일을 계획하시고 성취하시는 하나님을 바라봅니다. 믿음의 사람들이 쉽게 낙심하지 않는 것은 믿음의 눈으로 더 크고 위대한 일을 행하실 하나님을 믿기 때문입니다. 성경에 "너희 중에 누구든지 지혜가 부족하거든 모든 사람에게 후히 주시고 꾸짖지 아니하시는 하나님께 구하라 그리하면 주시리라"(약 1:5) 기록되었습니다. 지혜가 있어야 하나님이 주시는 시험인지 마귀가 유혹하는 것인지 구별 할 수 있습니다. "지혜와 계시의 영을 주셔서 마음의 눈을 밝히소서"(엡1:17) 지혜는 내 안에 있는 것이 아니라 성령의 선물입니다. 하나님이 주시는 지혜가 있어야 시험을 이기고 유혹을 극복할 수 있습니다. 아비가일처럼 하나님의 선하신 손길을 아는 지혜를 가지고 어리석음을 극복하고 승리하는 삶을 살아야 합니다.

"이는 지혜와 훈계를 알게 하며 명철의 말씀을 깨닫게 하며 지혜롭게, 공의롭게, 정의롭게, 정직하게 행할 일에 대하여 훈계를 받게 하며"(잠 1:2-3)

1. 성경에서 말씀하는 지혜는 무엇일까요?

2. 아비가일을 통해 배울 수 있는 지혜는 무엇이 있을까요?

3. 나의 삶 속에서 보이지 않게 행하신 하나님의 손길은 무엇이 있을까요?

믿음의 형제·자매에게 ~~~~~~

~~~~~~ 기도를 부탁합니다.

세상 부귀영화보다 더 귀한 지혜

지혜는 삶의 모든 경험 속에서 하나님의 손길을 보는 것입니다.

유대인 지혜자인 한 랍비가 말하기를 "지혜는 길에 널려 있는 돌멩이처럼 흔한 것이다"라고 했습니다. 그 제자가 "그 흔한 지혜를 왜 얻지 못하느냐"고 묻자 랍비는 "사람이 허리를 굽히기 싫어하기 때문이다"고 대답했습니다. 지혜를 얻는 것은 하나님 앞에 겸손히 허리를 굽히고 나아가야 얻을 수 있습니다. 인생에서 문제를 만났을 때, 내 지식과 내 방식을 내려놓고 겸손히 허리를 굽혀 하나님의 지혜를 구하면 하나님의 손길을 경험하게 됩니다. 이것이 바로 삶 속에서 행하시는 하나님의 일을 보는 지혜입니다.

다윗의 뒤를 이어 이스라엘의 왕이 된 솔로몬이 하나님께 일천번제를 드렸습니다. 그러던 어느 날 밤에 하나님께서 솔로몬에게 나타나셔서 "내가 네

소그룹 인도

사도신경 : 다 같이 │ 찬송 : 200장(통 235) │ 기도 : 회원 중 │ 본문말씀 : 왕상 3:4-15
새길말씀 : 왕상 3:10 │ 헌금 찬송 : 212장(통 347) │ 헌금 기도 : 회원 중 │ 주기도문 : 다 같이

게 무엇을 줄까 너는 구하라"고 하십니다. 그때 솔로몬은 지혜를 구하였습니다. "대저 지혜는 진주보다 나으므로 모든 것을 이에 비교할 수 없도다"(잠 8:11). 솔로몬은 세상의 그 어떤 부귀영화보다 더 값진 지혜를 구했습니다.

지혜자는 응답받는 예배자가 됩니다

솔로몬이 왕이 된 후 하나님께 최고의 경배와 예배를 드릴 때 하나님은 그에게 소원을 물으셨고 그는 지혜를 구합니다. 솔로몬은 제사드림을 통해 하나님께 "내가 네 말대로 하여 네게 지혜롭고 총명한 마음을 주노니"(12절)라는 응답을 받게 됩니다. 솔로몬이 일천번제를 드렸다고 하는 것은 자신이 비록 이스라엘의 왕이지만 더 높으신 하나님이 계심을 인정한 것입니다. 나의 주인, 나의 구원자로 하나님을 인정하고 엎드리는 것이 지혜입니다.

피조물인 사람들이 하나님께 최고의 영광을 돌리며, 하나님만이 살아계신 분이시며, 온 우주의 주인이심을 고백하는 것이 지혜자의 모습입니다. 그러므로 우리 인생에서 가장 먼저 알고 행해야 할 지혜는 바로 하나님을 높여드리는 일입니다. 하나님을 경외하는 지혜자는 예배에 성공하는 사람입니다. 예배를 가볍게 여기는 자는 교만과 욕심으로 불순종에 빠져 하나님께 버림받은 사울처럼(삼상 15:22-23) 실패한 인생이 되고 맙니다. 우리 신앙인들은 고난의 순간에도, 전염병이 창궐하여 우리를 두렵게 하고, 세상 물질과 마귀의 유혹 속에서도 솔로몬처럼 지혜로운 예배자의 삶을 살 때에 하나님께서 보호하시는 영광을 누리게 됩니다.

"내가 여호와께 바라는 한 가지 일 그것을 구하리니 곧 내가 내 평생에 여호와의 집에 살면서 여호와의 아름다움을 바라보며 그의 성전에서 사모하는 그것이라"(시 27:4)

지혜자는 칭찬받는 자가 됩니다

하나님께서 솔로몬에게 소원을 물으실 때에 그에게도 구하고 싶은 필요가 많았을 것입니다. 하지만 자기 자신의 욕심이나 명예를 위한 것을 구하지 않고, 백성들의 송사를 듣고 분별하는 지혜를 구했습니다(11절). 주님이 세우신 나라와 백성들을 위해 지혜를 구할 때 하나님은 기뻐하셨습니다. 솔로몬이 지혜를 구한 것은 겸손과 사명의 사람임이었기에 가능했습니다. 주님은 솔로몬의 그 부분을 칭찬하셨습니다. 솔로몬의 지혜로운 재판이나 학문, 언어 등은 이웃 많은 나라들의 왕에게도 명성을 얻었으며, 온 백성들은 솔로몬의 지혜를 신뢰하며 칭송했습니다(왕상 3:16-28).

주님과 사람들에게 칭찬을 받는 일은 가장 귀한 일입니다. 솔로몬의 진실한 고백을 칭찬하셨듯이, 베드로도 진실한 고백을 하고 주님께 칭찬을 받았습니다. 예수님께서 "너희는 나를 누구라고 하느냐?" 질문하셨을 때, 베드로는 "주는 그리스도시오 살아계신 하나님의 아들이시니이다"(마 16:16)라고 고백 했습니다. 주님은 베드로의 고백에 "네가 복되도다. 네 반석 위에 내 교회를 세우리라" 하셨습니다. 믿음의 선진들은 자신의 욕심을 구하지 않고 하나님의 일을 위한 필요와 신실한 믿음의 사명을 위해 구하며 살았습니다. 주님은 그들을 기뻐하시고 칭찬하셨습니다. 솔로몬처럼 주님의 나라와 일을 위해 구하며 나갈 때 칭찬을 받게 됩니다.

"그 주인이 이르되 잘 하였도다 착하고 충성된 종아 네가 적은 일에 충성하였으매 내가 많은 것을 네게 맡기리니 네 주인의 즐거움에 참여 할지어다"(마 25:23)

지혜자는 더해주시는 복을 받는 자가됩니다

하나님은 지혜를 구한 솔로몬에게 지혜뿐만 아니라 세상의 모든 부귀영화를 누리도록 축복하십니다(13절). 믿음의 법도를 떠나지 않고 신실하게 의의 길을 걸어가는 솔로몬에게 주님께서는 이 땅의 모든 영광도 함께 주셨습니다. 믿음의 사람들이 자신의 욕심에 빠지지 않고 주의 법을 지키며 하나님 나라의 영광을 구할 때 이 땅에서도 잘되고 형통한 복을 주십니다.

우리 그리스도인들은 하나님 나라와 영광을 구하는 분명한 목표의식을 가지고 살아야 합니다. 내 욕심과 정욕만을 구하는 것은 기독교신앙이 아니라, 미신적인 신앙인이 될 수 있기 때문입니다. 가끔 기도하는 사람들을 보면 막무가내로 복을 달라고만 하는 분들이 있습니다. 이는 어리석은 믿음이 될 수 있습니다. 지혜자는 내가 병들고, 가난하고, 멸시 당해도 주님이 영광 받으신다면 그것으로 감사할 수 있는 믿음을 갖게 됩니다. 이 땅의 썩어질 것이 아니라 영원한 하나님 나라의 상급을 바라보는 지혜이기 때문입니다. 솔로몬처럼 지혜와 사명을 가지고 하나님의 나라와 영광을 구할 때 이 땅에서도 더해주시는 복을 받게 됩니다.

"그런즉 너희는 먼저 그의 나라와 그의 의를 구하라 그리하면 이 모든 것을 너희에게 더하시리라"(마 6:33)

함께 나눠요

1. 가정과 사회에서 하나님께서 내게 주신 역할은 무엇입니까?

2. 내가 감당하기 가장 까다로운 책임은 무엇입니까?

3. 책임지기보다 변명하는 이유는 무엇입니까?

함께 기도해요

믿음의 형제·자매에게 _____

_____ 기도를 부탁합니다.

사람을 살리는 지혜

지혜는 삶의 모든 경험 속에서 하나님의 손길을 보는 것입니다.

예수님은 가시는 곳마다 기적과 표적을 일으키셨고, 권세 있는 말씀으로 하나님 나라 복음을 전하셨습니다. 예수님 주변에는 언제나 많은 사람들이 따르고 말씀을 듣기도 좋아했지만, 반면 예수님을 대적하고 모함하려는 사람들도 있었습니다. 이들은 종종 예수님을 시험하려고 대답하기 곤란한 율법문제로 예수님의 약점을 잡으려고 했습니다. 그때마다 예수님은 하나님의 권위 있는 말씀의 지혜로 이들을 물리치셨습니다(마 7:28-29)

예수님께서 성전에서 가르치실 때에 서기관과 바리새인들이 간음하던 여인을 현장에서 붙잡아와 판결을 요청했습니다. 모세의 율법에서 간음한 여인은 돌로 쳐 죽이라고 했습니다. 율법대로 죽이라 하면 예수님은 사랑 없는

소그룹 인도

사도신경 : 다 같이 | 찬송 : 426장(통 215) | 기도 : 회원 중 | 본문말씀 : 요 8:1-11
새길말씀 : 요 8:11 | 헌금 찬송 : 342장(통 395) | 헌금 기도 : 회원 중 | 주기도문 : 다 같이

냉혹한 사람이 되고, 용서하라 하면 율법을 범하는 것이 되고 맙니다. 그야말로 진퇴양난의 위기에 빠진 듯 했습니다. 그러나 예수님은 하늘의 지혜로 이 문제를 단 번에 해결하십니다.

문제의 본질을 꿰뚫어 보는 지혜자

유대인들은 간음 중에 잡힌 여인을 끌고 와서 "율법에는 이러한 여자를 돌로 치라고 명했는데 선생님은 어떻게 말하겠습니까?"라고 예수님께 물었습니다. 예수님은 서기관과 바리새인이 자신을 고발할 목적으로 질문하는 것임을 아셨습니다. 예수님의 가르침과 율법의 가르침 사이에서 대답하기 곤란한 문제로 예수님을 시험한 것입니다. 이 때 예수님은 아무 말씀도 안하시고 땅에 무언가 글을 쓰셨습니다. 그리고 조용히 일어나셔서 살기등등한 무리를 보시며 "너희 중에 죄 없는 자가 먼저 돌로 치라"고 말씀하셨습니다. 예수님의 말씀을 들은 군중들은 손에 들었던 돌을 하나 둘 내려놓고 도망치듯 사라져 버렸습니다.

예수님은 서기관과 바리새인, 그리고 성난 군중들의 마음을 꿰뚫어 보시는 지혜가 있었습니다. 간음한 여인을 현장에서 끌고 온 무리들이 예수님께 질문하는 의도의 본질을 정확하게 알고 계셨습니다. 저들이 예수님을 시험하기 위해 어려운 질문을 던졌지만 인간의 본질을 알고 계시는 주님께서 가장 정확한 말씀으로 율법과 예수님의 가르침을 완성하셨습니다. 마귀가 예수님을 시험할 때에도 마귀의 본질과 유혹의 내용을 이미 아셨습니다. 마귀가 여러 가지로 시험했지만 예수님은 하나님의 말씀으로 마귀를 물리치셨습니다(마 4장). 어떠한 시험이 다가와도 하나님의 지혜로 시험의 본질을 파악할 줄 아는 것이 지혜입니다. 하나님의 지혜를 가진 사람은 마귀의 시험을 이길 수 있습니다.

"오직 부르심을 받은 자들에게는 유대인이나 헬라인이나 그리스도는 하나님의 능력이요 하나님의 지혜니라 하나님의 어리석음이 사람보다 지혜롭고 하나님의 약하심이 사람보다 강하니라"(고전 1:24-25)

마음을 헤아리는 지혜자

율법에 익숙했던 유대인들은 손에 돌을 들고 흥분하여 간음한 여자는 돌로 쳐서 죽여야 한다고 생각했습니다. 율법을 지킨 자신들은 의롭고 율법을 지키지 않은 여인은 마땅히 죽어야 할 죄인이라고 여겼습니다. 자기 눈 속에 있는 들보는 보지 못하고 남의 눈에 있는 티를 빼내려는 겉치레의 의로움을 가진 자들이었습니다. 주님은 외식하는 사람들의 의를 기뻐하지 않으셨습니다. 마음속으로는 더 큰 죄를 지으면서도 겉으로는 깨끗한 척하며 여인을 정죄하는 무리의 마음을 예수님은 아셨습니다. 예수님은 죄를 짓고 죽음의 공포 속에 떨고 있는 여인을 주목하셨습니다. 비록 간음의 죄를 지었지만 마음 깊이 후회하고 있는 여인의 마음을 아셨습니다.

예수님은 "나는 의인을 부르러 온 것이 아니요 죄인을 부르러 왔노라"(마 9:13하) 말씀하셨습니다. 사람들의 지식은 율법대로 사람을 처벌하는 것이 목적이었지만 예수님의 지혜는 죄악과 사망의 그늘에 있는 인간을 구원하시는 일입니다. 사람들은 사람을 죽이는데 지혜를 사용하지만, 예수님은 죄인까지도 살리시는 일에 지혜와 권세를 사용하셨습니다. 간음한 여인을 옹호하신 것이 아니라 죄를 용서하여 자유를 주시려는 데 목적이 있었습니다. 죄인까지 용서하시고 구원하시는 예수님의 지혜를 유대인들은 알 수 없었습니다.

"인자가 온 것은 섬김을 받으려 함이 아니라 도리어 섬기려 하고 자기 목숨을 많은 사람의 대속물로 주려함이니라"(막 10:45)

사랑으로 지혜를 완성하는 지혜자

스펄전 목사는 "사랑이 없는 지식은 냉혹함 그 자체이며, 사랑이 없는 정의는 폭력이 된다."고 했습니다. 아무리 지식이 많고 정의롭다 해도 사랑이 없으면 굉장히 위험할 수 있다는 말입니다. 하나님께서 율법을 주신 목적은 우리를 범법자로 만들어 징계하시려는 것이 아닙니다. 율법의 정신은 하나님을 사랑하고 이웃을 사랑하는 것이기 때문입니다. 따라서 하나님은 계명을 따르는 자에게 은혜를 베푸십니다. 그러나 사람들은 율법에 얽매여서 하나님의 말씀을 왜곡하여 율법을 정죄하는 법으로 사용했습니다. 이처럼 잘못 사용되고 있는 율법을 바르게 완성시키고자 예수님께서 말씀을 가르치셨습니다. 은혜와 사랑이 없는 피폐해진 율법을 완성시키시려고 예수님께서 십자가의 사랑을 실천하셨습니다.

인간의 어리석은 지혜는 다른 사람들을 비판하고 정죄하며 자신의 의만 드러내려고 합니다. 예수님의 지혜는 자신을 깨뜨리고 희생하더라도 많은 사람을 살리시려고 하십니다. 무리들이 여자의 죄를 정죄하기 전에 먼저 자신 내면의 죄를 보기 원하셨습니다. 대부분의 사람들은 남을 비판하고 정죄하는 것이 정의를 지키는 것이라고 생각합니다. 그러나 진정한 지혜는 사람에게 있는 문제를 해결하고 살리는 일입니다. 예수님은 그 여자의 죄를 용서해 주시며 "나도 너를 정죄하지 아니하노니 가서 다시는 죄를 범하지 말라"고 하셨습니다. 이것이 예수님의 사랑이 깃든 지혜입니다. 사랑으로 완성된 지혜로 문제도 해결하시고 여인에게도 새로운 삶을 주셨습니다.

'네가 어찌하여 네 형제를 비판하느냐 어찌하여 네 형제를 업신여기느냐 우리가 다 하나님의 심판대 앞에 서리라'(롬 14:10)

함께 나눠요

1. 예수님을 통해서 배울 수 있는 지혜는 무엇일까요?

2. 간음하다가 현장에서 붙들린 여인이 용서받았을 때의 마음은 어땠을까요?

3. 예수님처럼 사람을 살리는 지혜에는 어떤 것들이 있을까요?

함께 기도해요

믿음의 형제·자매에게 _____

_____ 기도를 부탁합니다.

참된 예배는 믿음의 유산

믿음은 주어진 상황 속에서 하나님의 뜻을 깨닫고 그 뜻에 맞게 행동하는 것입니다.

'믿음' 은 모든 사람에게 주신 마음입니다. 믿음이 없는 가정, 직장, 사회는 생각할 수 없습니다. 그러나 성경에서 말하는 믿음은 하나님의 약속에 근거한 믿음으로 하나님의 뜻을 깨닫고 그 뜻에 맞게 행동하는 것입니다. 이런 믿음으로 살 때 의롭다 함을 받고 구원을 얻으며, 은혜를 경험합니다.

아브라함은 하나님의 명령, 약속이 포함된 명령을 들었을 때 즉각 행동으로 옮겼습니다. 안정된 삶의 터전을 떠나 미지의 땅으로 가는 것은 어려운 일입니다. 그러나 아브라함은 자신을 통하여 모든 민족이 복 받기를 원하신다는 약속을 믿었습니다. 아브라함은 하나님 아버지의 뜻을 깨닫고 순종했으며, 가나안에 도착하는 순간 예배로 영광을 돌렸습니다.

소그룹 인도

사도신경 : 다 같이 | 찬송 : 545장(통 344) | 기도 : 회원 중 | 본문말씀 : 창 12:1-9
새길말씀 : 창 12:7-8 | 헌금 찬송 : 321장(통 351) | 헌금 기도 : 회원 중 | 주기도문 : 다 같이

○○○교회에서는 매년 캄보디아에 캠프를 다녀왔습니다. 어느 해 캠프를 준비하면서 전체 비용의 2/3를 개인이 부담하고, 나머지 금액은 하나님의 도우심을 기대하기로 했습니다. 캠프팀은 대부분 대학생이었습니다. 비행기 표 예매 이틀 전, 아직 개인 비용을 부담하지 못한 사람들이 있었습니다. 그렇지만 하나님이 채우실 것을 믿고 기도했습니다. 하나님께서는 예매 당일 저녁 정확하게 비용을 채워주셨습니다.

예매 후, 통장의 잔액은 거의 없었고, 캄보디아에 보낼 공동경비가 전혀 준비되지 않았습니다. 지체들은 작정하고 밤낮으로 기도하며 하나님을 예배했습니다. 그때 한 가지 모금방법으로 〈사랑의 온도계〉를 생각했고, 게시판에 게시하고 하나님의 도우심을 기다렸습니다. 날짜가 임박했으나 〈사랑의 온도계〉의 온도는 아주 조금밖에 올라가지 않았습니다. 그들은 하나님이 기뻐하시는 일이기에 하나님께서 채우실 것을 믿었습니다. 하나님께서 출발 하루 전날인 주일, 〈사랑의 온도계〉를 정확하게 채우셨습니다.

현지에서 사용할 개인경비까지 채우셔서 부족함 없이 다녀왔습니다. 더 감사한 것은 다음에 우리가 한 명의 단기선교사(1달 정도)를 보낼 비용을 남겨두고 싶다고 기도했는데, 다녀온 후 결산을 하고 나니 정확하게 단기선교사를 파송할 비용이 남아 있었습니다.

하나님의 뜻을 깨닫는 만큼 행동합니다

아브라함은 하나님께로부터 "너의 고향과 친척과 아버지의 집을 떠나라"는 명령을 들었습니다. 아브라함은 삶의 터전인 고향, 75년간 쌓아온 인간관계를 포기해야만 했습니다. 그는 '큰 민족을 이루게 하시고 복을 주어 모든 족속이 자기를 통해 복을 얻게 하실 것'이라는 하나님의 뜻을 깨닫는 순간, 그 뜻이 이루어질 것을 믿고 순종했습니다. 이것이 바로 아브라함에게 나타난 믿음의 성품입니다.

그러나 때로는 아브라함도 하나님의 뜻을 온전히 깨닫지 못할 때가 있었습니다. 아브라함은 가나안 땅에 머무는 것이 하나님의 뜻임을 정확하게 깨닫지 못해 애굽으로 내려갔다가 봉변을 당하기도 했습니다(창 12:10-20). 아브라함은 시간이 지나면서 하나님의 뜻을 정확하게 깨닫고 순종하는 성숙한 믿음의 사람이 됩니다(창 22:1-18).

믿음으로 구원받은 성도들이 하나님을 예배하기 위해 창조된 자임을 깨달을 때 온전한 예배자가 됩니다(사 43:21). 영혼 구원이 하나님의 뜻임을 깨달으면 전도합니다(마 28:19-20). 하나님의 뜻을 온전히 깨닫기 위해 말씀을 묵상해야 합니다. 왜냐하면, 믿음은 들음에서 나며 들음은 그리스도의 말씀으로 말미암기 때문입니다(롬 10:17).

"우리 조상 아브라함이 그 아들 이삭을 제단에 바칠 때에 행함으로 의롭다 하심을 받은 것이 아니냐"(약 2:21)

믿음은 후손을 참된 예배자로 세웁니다

믿음의 유산은 참된 예배에서 시작됩니다. 예배는 하나님을 사랑하고 경외하는 자가 하나님을 가장 높여드리는 행위입니다. 아브라함은 가나안 땅에 도착하자 바로 예배로 영광을 돌렸습니다. 그 이후에도 아브라함은 온 가족이 함께 예배드림으로 자손들이 하나님을 사랑하고 경외하며 믿음의 성품이 몸에 배도록 하였습니다.

아브라함의 아들 이삭은 브엘세바에서 하나님께서 나타나 아브라함에게 하신 약속을 재확인해 주셨을 때 그곳에서 제단을 쌓았고(창 26:25), 이삭의 아들 야곱은 가는 곳마다 돌로 단을 쌓았습니다(창 28:18, 33:20, 35:7). 그렇기에 성경은 "아브라함의 하나님 이삭의 하나님 야곱의 하나님"이라고 믿음의 가문을 소개합니다.

성도는 아브라함의 하나님이 나의 하나님이심을 믿기에 예배를 통해 우리의 믿음을 표현합니다. 우리의 믿음은 삶과 예배의 모습을 통해 후손에게 이어집니다. 우리가 형식적인 예배를 드리면 자녀들도 형식적인 예배자가 됩니다. 우리가 예배 가운데 하나님을 사랑하고 하나님을 경외하는 모습이 보이면 자녀들도 하나님을 경외하는 사람이 됩니다.

"하나님은 영이시니 예배하는 자가 영과 진리로 예배할지니라"(요 4:24)

함께 나눠요

1. 믿음으로 산다는 것은 어떤 것일까요?

2. 왜 아브라함을 믿음의 사람으로 생각합니까?

3. 자녀들을 믿음으로 양육하기 위해 어떻게 하겠습니까?

함께 기도해요

믿음의 형제·자매에게 _____

_____ 기도를 부탁합니다.

삶 가운데서 발견한 믿음의 원리

믿음은 주어진 상황 속에서 하나님의 뜻을 깨닫고 그 뜻에 맞게 행동하는 것입니다.

백부장은 자기 하인의 병을 고치기 위해 자신의 일을 포기하고 예수님께 나왔습니다. 예수님은 그의 믿음을 칭찬하셨는데, 그 이유는 생활 가운데서 믿음의 원리를 깨닫고, 주님이 말씀만 하시면 병이 나을 것이라고 확신했기 때문입니다. 예수님께서 찾으시던 믿음의 사람을 만나셨습니다. 예수님은 그 믿음에 놀라시며 칭찬하시고, 백부장이 믿은 대로 될 것을 선포하시니 그 즉시 하인의 병이 나았습니다.

믿음은 무조건 믿기만 하면 되는 것이 아니라 '어떤 환경에서든 하나님의 뜻을 깨닫고 그 뜻에 맞게 행동하는 것' 입니다. 백부장이 믿음의 원리를 생활 속에서 찾았듯이 우리도 삶의 현장에서 믿음의 원리를 찾아 하나님의 뜻

소그룹 인도

사도신경 : 다 같이 | 찬송 : 546장(통399) | 기도 : 회원 중 | 본문말씀 : 마 8:5-13
새길말씀 : 마 8:8 | 헌금 찬송 : 211장(통346) | 헌금 기도 : 회원 중 | 주기도문 : 다 같이

을 깨달을 수 있습니다.

사랑하는 마음이 있었습니다

백부장에게는 많은 하인이 있었을 것입니다. 당시 하인은 집안의 하찮은 물건과 같아서 백부장이 직접 하인까지 신경 쓸 필요가 없습니다. 그러나 그는 하인을 사랑했기에 중풍으로 괴로워하는 종이 치료받기 바라는 마음으로 직접 예수님께 나왔습니다.

예수님은 '가서' 고쳐주시겠다고 하셨으나, 백부장은 자신은 예수님을 모실 자격이 없다면서 "다만 말씀만 하시면 하인이 낫겠습니다. 군인인 나도 사람들에게 명령하면 그대로 움직입니다. 그렇기에 주님이 말씀만 하시면 하인이 나을 수 있습니다."라고 했습니다. 백부장이 이처럼 지혜로운 말, 믿음의 말을 할 수 있었던 것은 그에게 하인을 사랑하는 마음이 있었기 때문입니다. 무관심하면 병들어 죽든지 살든지 상관하지 않습니다. 하지만 사랑하면 그 사람의 형편을 살피고 어려운 문제가 있으면 도우려고 방법을 찾게 됩니다.

하나님을 사랑하는 사람은 하나님이 사랑하는 사람을 사랑하게 됩니다. 사랑하면 사랑하는 사람의 아픔이 보이고, 그 문제를 해결할 방법을 찾게 됩니다. 사랑하는 마음은 지혜의 온상이고, 믿음이 자라는 좋은 토양입니다.

"예수께서 나오사 큰 무리를 보시고 불쌍히 여기사 그 중에 있는 병자를 고쳐 주시니라"(마 14:14)

생활 속에서 믿음의 원리를 찾았습니다

중풍병은 당시로는 거의 불치병이었습니다. 백부장은 하인의 병을 치료하기 위해 백방으로 노력했지만 치료할 수 없었습니다. 하나님의 아들이신 예수님이 오셔서 말씀으로 환자들을 치료하시고, 풍랑을 잔잔케 하신다는 소식을 들었습니다. 예수님이라면 하인의 병을 고칠 수 있겠다고 생각했습니다.

백부장은 예수님께 나가기 전에 생각해 보았습니다. '자신이 상관의 명령에 따라 움직이고 부하들도 자기의 말에 의해 움직이지 않는가? 예수님이 지금까지 하신 일을 듣고 보니, 하늘의 권세를 가지신 분이 틀림없으니 그분이 말씀만 하셔도 하인의 병이 나을 수 있을 것'이라고 생각했습니다. 백부장은 군인으로서 자신의 생활 속에서 '믿음의 원리' 곧 영적 세계의 질서를 깨달았습니다. 백부장은 지체하지 않고 예수님께 나왔습니다. 이방인인 백부장이 하나님의 백성들도 미처 깨닫지 못한 믿음의 원리를 찾아 구하였을 때 예수님은 심히 놀라셨습니다.

주님은 우리의 삶 가운데서 믿음의 원리를 찾아 가르치셨습니다. 공중 나는 새, 들에 핀 백합화, 씨 뿌리는 비유 등등, 우리의 삶 가운데는 믿음의 원리가 숨어 있습니다. 하나님을 사랑하는 사람들은 삶의 현장에서 믿음의 원리를 찾을 수 있습니다.

"또 너희가 어찌 의복을 위하여 염려하느냐 들의 백합화가 어떻게 자라는가 생각하여 보라 수고도 아니하고 길쌈도 아니하느니라"(마 6:28)

믿음으로 하나님의 능력을 경험했습니다

하나님의 아들이신 예수님은 믿지 않는 사람들에게 아무 능력도 행하지 않으셨습니다(마 13:58). 그러나 믿음을 가진 사람들에게는 능력으로 응답하셨습니다. 백부장의 믿음의 고백을 들은 예수님은 "가라 네 믿은 대로 될지어다" 선포하셨고, 백부장은 예수님의 말씀을 믿고 집으로 돌아갔습니다. 능력을 경험하는 믿음은 구한 것은 받은 줄로 믿는 것입니다. 하인은 예수님이 말씀하시는 즉시 치료되었습니다. 하나님이 원하시는 믿음은 모든 상황 가운데서 불가능을 가능케 하시고, 무에서 유를 창조하시는 하나님의 전지전능하심을 인정하는 믿음입니다.

예수님은 백부장을 이스라엘 백성 중에 최고의 믿음을 가진 사람이라고 칭찬하셨습니다. 또한 예수님은 백부장의 믿음을 본받을 사람들이 많이 일어날 것을 예언하셨습니다. 그 예언대로 초대교회에 성령께서 임재하신 이후 지금까지 하나님께서 백부장과 같은 믿음의 사람을 수없이 일으키셨습니다. 하나님은 그런 믿음의 사람들을 통해 역사를 이끌어오셨습니다. 믿지 않으면 아무 능력도 경험할 수 없지만, 믿으면 우리가 믿는 것 이상으로 하나님은 그 능력을 보이십니다. 오직 믿음으로 만이 하나님을 기쁘시게 할 수 있습니다(히 11:6).

"그러므로 내가 너희에게 말하노니 무엇이든지 기도하고 구하는 것은 받은 줄로 믿으라 그리하면 너희에게 그대로 되리라"(막 11:24)

함께 나눠요

1. 백부장이 사람을 얼마나 사랑했는지 나누어보세요.

2. 생활 속에서 발견한 믿음의 원리가 있습니까? 나누어보세요.

3. 믿음과 하나님의 능력은 어떤 관계가 있다고 생각하십니까?

함께 기도해요

믿음의 형제·자매에게 _____

_____ 기도를 부탁합니다.

믿음의 본을 보이신 예수님

믿음은 주어진 상황 속에서 하나님의 뜻을 깨닫고 그 뜻에 맞게 행동하는 것입니다.

베데스다라는 못은 예루살렘 양문(羊門) 근처에 있는 연못입니다. 그곳에는 사람들이 모여 쉴 수 있는 행각 곧 정자가 다섯 개가 있었습니다. 이 연못은 천사가 와서 물을 움직일 때 제일 먼저 들어가는 사람의 병이 낫는 기적이 일어나는 곳이기에 많은 병자가 모였습니다. 예수님은 그중에 38년이나 병으로 고통당하는 사람, 오직 하나님의 은혜 없이는 치료받을 수 없는 그에게 "일어나 네 자리를 들고 걸어가라" 하심으로 치료해 주셨습니다. 38년 된 병자는 예수님의 한 마디 믿음의 선포로 즉시 치료를 받았습니다.

예수님은 하나님의 아들이시지만 인간의 몸을 입고 이 땅에 오셨습니다. 육신으로 오신 예수님은 우리에게 믿음으로 산다는 것이 무엇인지를 보여주

소그룹 인도

사도신경 : 다 같이 | 찬송 : 452장(통505) | 기도 : 회원 중 | 본문말씀 : 요 5:1-18
새길말씀 : 요 5:17 | 헌금 찬송 : 317장(통353) | 헌금 기도 : 회원 중 | 주기도문 : 다 같이

셨습니다. 예수님은 깊은 기도 생활을 통하여 항상 하나님과 사랑의 관계를 유지하셨습니다. 하나님을 사랑한 예수님은 하나님의 뜻을 정확하게 이해하셨고, 그 뜻대로 행하셨습니다.

병자들은 베데스다 연못으로 모입니다

베데스다 연못은 기적의 못입니다. 이 연못은 가끔 천사들이 와서 물을 움직이는데, 그때 가장 먼저 들어가는 사람은 병이 낫습니다. 그렇기에 이곳에 불치병으로 고통하는 사람들이 다 모였습니다. 물이 움직일 때 누가 먼저 들어가느냐는 순서가 없었습니다. 38년 된 병자는 그곳에 있는 동안 물이 움직이는 순간을 가장 먼저 보았어도 아무도 그를 데리고 갈 자가 없어 항상 다른 사람이 먼저 내려간다고 했습니다.

베데스다 못에 모인 사람들은 자기의 믿음을 따라 사는 현대인의 모습을 보여줍니다. 사람들은 불치병을 고친다는 곳으로, 일확천금을 벌 수 있다는 곳으로 모입니다. 물에 빠진 사람은 지푸라기라도 잡는다고, 병들어 고통을 겪고 있는 사람은 나을 수만 있다면 무엇이든 마다하지 않습니다. 병이 나을 수 있다는 믿음으로 좋다는 음식, 좋다는 약을 찾아 먹고, 명의를 찾아다닙니다. 아무리 좋은 약이라도 믿지 못한다면 먹지 않을 것이고, 명의라 해도 믿어지지 않으면 찾아가지 않습니다. 이처럼 현대인은 베데스다 연못가의 사람들과 같습니다.

"아사가 왕이 된 지 삼십구 년에 그의 발이 병들어 매우 위독했으나 병이 있을 때에 그가 여호와께 구하지 아니하고 의원들에게 구하였더라"(대하 16:12)

은혜를 갈망하는 사람에게 은혜가 임합니다

예수님은 자신의 능력을 믿는 사람들 즉 이번에는 기회를 놓쳤지만, 다음에는 반드시 내가 먼저 들어갈 수 있다고 믿는 사람들을 자기의 능력으로 살도록 그냥 두십니다. 그러나 들어가고 싶지만 들어갈 수 없는 사람, 자기 능력으로 아무것도 할 수 없는 사람에게 주목하셨습니다. 그는 38년 동안 병을 앓아 가족에게도 버림을 받고, 그를 도와 물가로 데려갈 친구조차 없었습니다. 그는 자기 힘으로 아무것도 할 수 없었습니다. 늘 다른 사람에게 밀려 아무 소망이 없는 하루하루를 보냈습니다.

"네가 낫고자 하느냐?" 하는 주님의 질문에 38년 된 병자는 갈망하는 마음은 있지만, 소망이 없다고 대답합니다. 예수께서 "일어나 네 자리를 들고 걸어가라" 하시니 즉시 나아 일어났습니다.

모든 병자가 치료받기 원하지만, 하나님은 모든 병자를 치료하시지 않습니다. 오직 은혜를 사모하는 사람만 치료하십니다. 은혜는 하나님의 손길입니다. 자기 능력으로 할 수 있다고 믿는 사람은 하나님의 손길 곧 은혜가 필요 없습니다. 사람들은 하나님의 능력을 믿는다지만 실제 병이 들었을 때는 하나님보다 의원을 먼저 찾습니다. 그리스도인들이 기도하지 않는 이유도 하나님의 손길보다 세상을 더 의지하기 때문입니다. 예수님이 찾으시는 사람은 은혜를 갈망하는 사람, 하나님의 손길을 갈망하는 사람입니다.

"예수께서 들으시고 이르시되 건강한 자에게는 의사가 쓸데없고 병든 자에게라야 쓸 데 있느니라"(마 9:12)

예수님은 아버지의 뜻에 따라 일하십니다

예수님이 병자를 고치신 날은 안식일이었습니다. 예수님은 종종 안식일 문제로 인하여 유대인들의 비난을 받았습니다(마 12:1-2, 9-13; 눅 13:10-17, 14:1-6). 그때마다 예수님은 안식일을 위한 규례를 비난하시기보다 하나님의 뜻을 바르게 전하셨습니다. "너희 중에 어떤 사람이 양 한 마리가 있어 안식일에 구덩이에 빠졌으면 끌어내지 않겠느냐 사람이 양보다 얼마나 더 귀하냐 그러므로 안식일에 선을 행하는 것이 옳으니라"(마 12:11-12)

유대인들은 안식일에 대한 규례와 전통에 매여 하나님의 뜻을 바르게 분별하지 못했고 잘못된 믿음으로 예수님을 비난했습니다. 이 일로 예수님을 박해하기 시작했습니다(요 5:16). 예수님은 하나님의 뜻을 정확하게 알고 계셨기에 안식일에 생명을 살리는 일을 계속하실 것을 선포하셨습니다.

믿음은 하나님의 뜻을 바르게 분별하는 데서부터 시작합니다. 하나님의 뜻을 바르게 분별하지 못하면 유대인처럼 잘못된 행동이 나타납니다. 제도나 형식, 전통보다 하나님의 뜻을 바르게 깨달으려면 하나님의 말씀을 가까이해야 합니다.

"예수께서 그들에게 이르시되 내 아버지께서 이제까지 일하시니 나도 일한다 하시매"(요 5:17)

함께 나눠요

1. 병을 치료하기 위해 예수님을 찾습니까? 의사를 찾습니까?

2. 왜 은혜를 갈망하는 사람에게 은혜가 임한다고 생각하십니까?

3. 예수님은 왜 안식일에도 병자를 고치셨습니까?

함께 기도해요

믿음의 형제·자매에게 _____

_____ 기도를 부탁합니다.

하나님의 뜻을 따르는 순종의 사람

순종은 하나님께서 지명하신 권위자들의 보호 아래에서 창의성을 발휘할 자유입니다.

하나님은 아브라함을 시험하시려고 '아들을 번제로 드리라' 명령하셨습니다. 이 말씀을 이해하고 순종할 사람은 거의 없습니다. 그러나 아브라함 자신은 수없이 실수했지만, 평생 믿어온 하나님은 실수가 없는 분임을 알았기에 하나님의 명령에 순종할 수 있었습니다. '순종이란 권위자의 보호 아래 거하는 것' 입니다. 아브라함은 하나님의 권위 아래 온전하게 들어가서 그 안에서 하나님의 방법을 찾는 순종의 사람이었습니다.

우리는 때때로 이해할 수 없는 명령을 받을 때가 있습니다. 권위를 인정하고 싶지 않은 사람도 있습니다. 그러나 하나님의 주권을 믿는 사람들은 하나님께서 세우신 권위에 순종하고 진정한 자유를 얻습니다.

소그룹 인도

사도신경 : 다 같이 | 찬송 : 425장(통 217) | 기도 : 회원 중 | 본문말씀 : 창 22:1-18
새길말씀 : 창 22:17-18 | 헌금 찬송 : 213장(통 348) | 헌금 기도 : 회원 중 | 주기도문 : 다 같이

〈하나님께 기회를 드리라〉

존 비비어 목사의 아들 에디슨은 선생님이 자기만 미워하고 야단친다고 불평이 대단하였습니다. 엄마가 물었습니다. "오늘 선생님이 너를 혼내실 때 너는 뭐라고 말했니?" "떠든 건 제가 아니라 저 두 아이라고 했어요." "선생님께 혼날 때마다 그런 식으로 대답하니?" "예, 내 잘못이 아니라고 생각되면요" "그래서 문제가 생기는 거란다. 너는 권위 앞에서 너를 정당화하고 있거든. 네가 너를 변호하면 하나님께서는 너를 변호해 주지 않으신단다" "네가 택하기 나름이야, 계속 자신을 변호하며 선생님의 심판 밑에 머물 수도 있고, 지금까지 네가 선생님의 비난에 경건하게 반응하지 않았다는 것을 깨달을 수도 있어. 둘째 방안을 선택하겠다면 선생님께 가서 겸손하게 그동안 선생님의 권위에 순종하지 않고 반항한 것을 사과할 수 있겠지. 그러면 하나님이 개입하실 거야" 이 말을 들은 아이는 다음 날 선생님께 자기의 잘못을 사과하고 겸손하게 순종하기 시작했습니다. 에디슨은 연말에 〈올해의 학생〉으로 최고의 상을 받았습니다. (존비비어 〈순종〉 2002년 p221-223)

이해되지 않는 상황에도 순종했습니다

아브라함은 100세에 얻은 아들 때문에 세월을 잊은 채 매일 행복했습니다. 하나님은 이런 아브라함이 참으로 하나님을 사랑하는지 시험하시고자 아들을 번제로 드리라 하셨습니다. 아브라함은 하나님께서 이삭을 통하여 천하 만민이 복을 얻을 것이라고 약속하셨는데, 그 아들을 번제로 드리라니 이해할 수 없었습니다. 하지만 아브라함은 약속하신 대로 이삭을 주신 분도, 약속하신 대로 이루실 분도 하나님이심을 믿었기에 그 명령에 순종했습니다.

아브라함은 아내 사라와 상의하지 않고, 하나님께서 지정하신 산을 향하여 길을 떠났습니다. 이삭을 데리고 산에 오르는 중에 "번제 할 양은 어디 있습니까?"라고 이삭이 묻자 아브라함은 "하나님께서 준비하셨다." 대답했습니다. 정상에 오르자 아브라함은 주저 없이 이삭을 묶어 제단에 올려놓았습니다. "그는 하나님께서 능히 이삭을 죽은 자 가운데서 다시 살리실 줄 생각"했기 때문에 순종했습니다(히 11:19).

순종은 내가 이해할 수 없고, 나의 비전이나 생각과 정반대의 경우라도 하나님의 뜻을 따라 하나님의 권위 아래 있는 것입니다. 사탄은 우리가 원하는 대로 하기 원하지만, 하나님은 우리가 하나님의 권위 아래서 모든 것을 하나님께 맡기기 원하십니다.

"사무엘이 이르되 여호와께서 번제와 다른 제사를 그의 목소리를 청종하는 것을 좋아하심같이 좋아하시겠나이까 순종이 제사보다 낫고 듣는 것이 숫양의 기름보다 나으니"(삼상 15:22)

자유함을 얻고 축복의 통로가 되었습니다

아브라함은 순종을 통해 자유를 얻었습니다. 유비무환(有備無患)이라 하듯이 준비하는 삶은 중요합니다. 하지만 우리가 준비하는 것이 아니라, 하나님께서 이삭을 대신하여 양을 준비하심을 보면서, 하나님의 권위 아래서 순종할 때 하나님이 준비하심을 깨닫게 되었습니다.

아브라함은 아들로부터 자유를 얻었습니다. 이전에는 아들을 자신이 지켜야 하는 줄 알았습니다. 아들에게 매어 하나님을 온전히 섬기지 못했습니다. 순종을 통해 하나님이 아들을 지키신다는 사실을 깨달았고, 아들로부터 자유로워지고 하나님을 온전히 사랑하게 되었습니다. 아들 이삭도 아버지가 믿음으로 순종하는 현장에서 하나님을 경험했습니다. 내 뜻을 내려놓고 하나님의 뜻을 따라 하나님의 권위 아래 있을 때 자유를 얻는다는 사실과 하나님을 경외하는 삶이 무엇인지 깨달았습니다.

하나님은 아브라함에게 "네 씨가 그 대적의 성문을 차지하리라" 약속하셨습니다. 이 약속은 예수님이 "내가 이 반석 위에 내 교회를 세우리니 음부의 권세가 이기지 못하리라"(마 16:18)는 말씀으로 확인해 주셨습니다. 예수님의 말씀대로 교회는 지금도 축복의 통로로, 사탄의 권세를 이기고 하나님의 나라를 확장하는 도구로 쓰임 받고 있습니다.

"너희가 즐겨 순종하면 땅의 아름다운 소산을 먹을 것이요 너희가 거절하여 배반하면 칼에 삼켜지리라 여호와의 입의 말씀이니라"(사 1:19-20)

함께 나눠요

1. 나는 매사에 하나님의 권위 아래 있습니까?

2. 내게 아들을 바치라 한다면 어떻게 하시겠습니까?

3. 이해할 수 없는 권위에 순종하였을 때, 자유를 얻은 경험이 있습니까?

함께 기도해요

믿음의 형제·자매에게 _____

_____ 기도를 부탁합니다.

권위 아래 보호받는 순종

순종은 하나님께서 지명하신 권위자들의 보호 아래에서 창의성을 발휘할 자유입니다.

예수님은 "회개하라 천국이 가까이 왔느니라"(마 4:17)는 말씀으로 사역을 시작하셨습니다. 이 말씀은 하나님의 통치가 시작되었음을 알리는 메시지입니다. 예수님은 제자들을 부르실 때도 머뭇거리지 않으셨습니다. 이런 주님의 기대에 어긋나지 않게 예수님이 부르실 때 제자들은 모든 것을 버려두고 즉각 예수님을 따랐습니다.

반면에 즉시 순종하지 못하여 영생을 얻지 못한 사람도 있습니다. 영생 얻기를 사모하는 한 부자 청년이 예수님께 찾아 왔습니다. 이 청년은 자신 있게 계명을 다 지켰다고 말했으나 재물을 포기할 수 없었고, 근심하며 그 자리를 떠났습니다. 주님의 말씀에 순종하기보다 자기 생각대로 살기 원했던

소그룹 인도 ────────

사도신경 : 다 같이 ┃ 찬송 : 459장(통 514) ┃ 기도 : 회원 중 ┃ 본문말씀 : 마 4:18-22
새길말씀 : 마 4:22 ┃ 헌금 찬송 : 216장(통 356) ┃ 헌금 기도 : 회원 중 ┃ 주기도문 : 다 같이

이 청년은 영생과는 거리가 먼 사람이 되었습니다(마 19:16-23).

우선순위가 정확했습니다

예수님은 직업이나 실력이나 성품보다 자기 일에 성실한 사람을 부르셨습니다. 모세는 광야에서 양을 치고 있을 때, 엘리야는 밭을 갈고 있을 때, 베드로와 안드레는 그물을 던지고 있을 때, 야고보와 요한은 그물을 깁고 있을 때, 그리고 마태도 세관에 앉아 세리 업무를 보고 있을 때 부르셨습니다. 이들은 자기 일에 대한 확신이 있는 사람들이었습니다. 그러나 주님께서 원하시는 것은 주님이 우선인지 생업이 우선인지 보기를 원하셨습니다. 주님을 따르려면 우선순위가 정확해야 하기 때문입니다.

우리의 일상생활에서도 우선순위는 중요합니다. 우선순위가 바뀌면 문제가 발생하고, 우선순위를 바로잡기 전까지 문제를 해결할 수 없습니다. 순종은 위에 있는 권위가 누구인가 바로 깨닫고, 우선순위를 바로 세우는 것입니다. 베드로와 안드레, 야고보와 요한은 예수님이 자신의 삶에 최우선임을 깨달았기에 즉시 순종했습니다.

주님의 부르심은 세상에서 하나님 나라로 초청하시는 것입니다. 그렇기에 부름받은 자는 우선순위가 바뀌어야 합니다. 권위의 우선순위를 바로 세우면 주님의 보호를 받으며 자유로워지고, 하나님의 지혜와 능력을 경험합니다.

"그런즉 너희는 먼저 그의 나라와 그의 의를 구하라 그리하면 이 모든 것을 너희에게 더하시리라"(마 6:33)

부르신 자의 뜻을 따랐습니다

예수님은 제자들을 부르실 때 하나님께서 원하시는 일을 하도록 부르셨습니다. '사람을 낚는 어부' 즉 영혼을 구원하는 일을 하도록 부르셨습니다. 사람을 낚는 어부가 되려면 하나님의 권위에 순종하고 사람들을 섬겨야 합니다.

우리는 하나님이 세우신 권위에 순종할 때 간혹 장애물을 만나기도 합니다. 까다로운 지도자라도 순종하라 하셨으나 냉담한 반응을 보이거나 괴롭힘을 당할 때, 불평하고 비판하며 대적하려는 마음이 생깁니다(벧전 2:18). 예수님은 영혼을 구원하기 위해 십자가를 지셨습니다. 빌라도에게 순종한 것이 아니라 하나님의 권위에 순종하셨습니다. 예수님을 따르려는 사람은 자기를 부인하고 자기 십자가를 지고 주님을 따르라 하십니다(마 16:24). 영혼 구원은 자기를 부인하고 자신이 죽어야 가능합니다. 하나님의 권위 아래서 그분의 뜻에 순종할 때 하나님은 그의 영혼을 책임지십니다.

바울은 잘못된 권위로 인해 매 맞고 옥에 갇혔지만, 그는 잘못된 권위에 불평하지 않았습니다. 오히려 감옥에서 하나님을 찬양했습니다. 잘못된 권위 아래에 있었으나 하나님의 권위에 모든 것을 맡기고 하나님을 기대했습니다. 그때 하나님은 옥문을 여시고 간수장과 그의 가족을 구원하셨습니다(행 16:16-34).

"내가 진실로 진실로 너희에게 이르노니 한 알의 밀이 땅에 떨어져 죽지 아니하면 한 알 그대로 있고 죽으면 많은 열매를 맺느니라"(요 12:24)

망설이지 않았습니다

사람들은 새로운 일을 결정할 때 망설입니다. 특히 전혀 가보지 않은 길을 갈 때는 신중하게 생각하고, 가족이나 지인들과 의논하고 결정합니다. 그만큼 미래가 불투명하기 때문입니다. 그러나 제자들은 예수님의 부르심에 망설이지 않고 즉시 주님을 따랐습니다. "그들이 곧 그물(배와 아버지)을 버려두고 예수를 따르니라"(마 4:20,22). 제자들도 쉽지 않았을 것입니다. 그러나 주님의 명령을 따르기 위해 포기할 것을 포기하고 그분의 권위 아래 있고자 했기에 땅과 하늘의 놀라운 복을 약속받았습니다(마 19:29).

기회가 얼마든지 있다고 생각하며 머뭇거리는 것은 착각입니다. 기회는 오늘 이외에는 없을지 모릅니다. 그렇기에 주님은 자기를 따르고자 하는 사람들에게 단호하셨습니다. 가족들에게 인사하는 일이나 아버지를 장사하는 일까지도 허락지 않으시고, 쟁기를 잡고 뒤를 돌아보는 자는 하나님 나라에 합당하지 않다고 하셨습니다(눅 9:59-62). 신중하게 생각해야 할 때가 있으나 권위자를 따르고자 할 때는 나의 상황이나 감정, 경험과 지식을 내려놓고 즉시 순종해야 합니다.

우리가 말씀에 순종하여 하나님의 권위 아래 있으면, 하나님이 주시는 지혜로 활력이 넘치고 하나님께서 우리의 현재와 미래를 책임지십니다.

"또 자기 십자가를 지고 나를 따르지 않는 자도 내게 합당하지 아니하니라 자기 목숨을 얻는 자는 잃을 것이요 나를 위하여 자기 목숨을 잃는 자는 얻으리라"(마 10:38-39)

함께 나눠요

1. 나의 삶에서 우선순위를 기록해보세요.

2. 주님의 뜻에 순종할 때 체험한 은혜는 무엇이 있습니까?

3. 주님의 뜻을 따르고자 할 때, 망설인 때가 있었습니까?

함께 기도해요

믿음의 형제·자매에게 _____

_____ 기도를 부탁합니다.

순종의 진수를 보여주신 예수님

순종은 하나님께서 지명하신 권위자들의 보호 아래에서 창의성을 발휘할 자유입니다.

예수님은 죄가 없으신 분이지만 세상 죄를 담당하시기 위하여 이 땅에 오셔서 친히 십자가를 지셨습니다. 하나님은 이사야 선지자를 통하여 예수님이 우리의 죄와 저주를 해결하시기 위하여 고난받으실 것을 말씀하셨습니다 (사 53:5).

예수님은 하나님의 아들이시지만 육신을 입고 오셨습니다. 육신을 입고 오셨기에 우리와 똑같이 육신의 고통과 정신적인 고통을 느끼셨습니다. 예수님도 우리처럼 자기의 의지와 하나님의 의지 사이에서 갈등하셨습니다. 그러나 예수님은 그 갈등을 기도로 극복하시고 하나님의 권위 아래 자신을 두셨습니다. 순종의 도가 사라지고 있는 현대인에게 예수님은 참된 순종의 본을 보

소그룹 인도

사도신경 : 다 같이 | 찬송 : 144장(통 144) | 기도 : 회원 중 | 본문말씀 : 마 26:36-46
새길말씀 : 마 26:39 | 헌금 찬송 : 317장(통 353) | 헌금 기도 : 회원 중 | 주기도문 : 다 같이

여주셨습니다.

고난을 피하지 않으셨습니다

육신을 가진 사람으로서 십자가에 달려 죽는 것은 피하고 싶은 자리입니다. 육신의 고통과 온 인류의 죄로 인한 하나님의 저주를 감당해야 하는 고통이 예수님의 마음을 짓눌렀습니다. 예수님은 솔직하게 "내 마음이 매우 고민하여 죽게 되었다"(마 26:38) 고 자기의 감정을 표현하셨습니다.

순종이 어려운 이유는 고난이 따르기 때문입니다. 자기중심적인 사람은 손해 되는 일, 힘든 일은 피하고 자기의 편함과 안일을 먼저 생각합니다. 그러나 그리스도 예수 안에서 경건하게 살고자 하는 사람, 주님을 닮아 하나님의 권위에 순종하고자 하는 사람은 고난을 감수합니다(딤후 3:12). 넓은 길, 편한 길은 많은 사람이 찾지만 멸망의 길입니다. 반면에 고난의 길은 고통스러운 길이요 좁은 길이지만 생명의 길입니다(마 7:13-14). 예수님은 십자가의 길이 험한 길이요 고통의 길이지만, 생명의 길이기에 피하지 않으셨습니다.

예수님은 십자가의 길, 고난의 길을 가야만 우리의 죄가 해결될 수 있음을 아셨습니다. 자신이 십자가를 지는 길만이 믿는 자에게 부활의 생명을 줄 수 있음을 아셨기에 묵묵히 그 길을 가셨습니다.

> "생각하건대 현재의 고난은 장차 우리에게 나타날 영광과 비교할 수 없도다"
> (롬 8:18)

기도로 자기를 쳐 복종시키셨습니다

육신을 입은 예수님도 하나님의 뜻을 따르는 것이 고난의 길이기에 피하고 싶은 마음이 간절하셨을 것입니다. 그러나 피하고 싶은 감정을 이길 수 있었던 것은 기도였습니다. 예수님은 세 번씩이나 이 고난을 피할 수 있게 해달라고 기도하셨습니다(마 26:38-44).

예수님의 기도 현장을 지켜본 의사 누가는 "예수께서 힘쓰고 애써 더욱 간절히 기도하시니 땀이 땅에 떨어지는 핏방울같이 되더라"(눅 22:44)고 기록했습니다. 얼마나 힘쓰셨는지 피하의 모세 혈관이 팽창되어 터져서 피가 땀 속에 섞여 나오는 것을 보았습니다. 자기의 뜻을 꺾기 위한 예수님의 기도가 얼마나 치열했는지 천사들이 도와야 할 정도였습니다. 마침내 예수님은 간절한 기도를 통하여 자기의 의지를 꺾고 하나님의 뜻에 복종하셨습니다.

하나님의 뜻에 합당한 기도는 응답하시지만, 자기 목적을 이루기 위한 기도는 응답하지 않으십니다(요일 5:14; 약 3:4). 하나님의 뜻을 거스르는 우리의 감정이나 생각을 복종시킬 방법은 오직 기도입니다. 자기중심적인 기도가 아니라 예수님처럼 "내 뜻대로 마옵시고 아버지의 뜻대로 하옵소서"라는 기도로 자기 뜻을 하나님의 뜻에 복종시켜야 합니다.

"너희 중에 고난당하는 자가 있느냐 그는 기도할 것이요 즐거워하는 자가 있느냐 그는 찬송할지니라"(약 5:13)

십자가를 향하여 당당히 나가셨습니다

예수님은 고난의 길을 피할 수도 있었습니다. 천사들을 동원하여 그 위기를 모면할 수 있었습니다(마 26:53). 그러나 주님은 그런 방법을 사용하지 않으셨습니다. 불법적인 재판, 긍휼 없는 채찍으로 온몸이 피투성이가 되었지만 한 마디도 원망하지 않으셨습니다. 오직 하나님의 뜻이 이루어지기를 원하셨기에 자기를 죽이기 위해 혈안이 되어 있는 종교지도자들, 예수님을 십자가에 못 박으라고 소리 지르는 군중, 십자가에 못 박는 군병들을 용서해 주기를 하나님께 구하였습니다(눅 23:34).

예수님은 살릴 권세도 있고 죽일 권세도 있는 분이지만 그 권세를 사용하지 않으시고, 오직 하나님의 권위 아래 계셨습니다. 예수님은 부당한 권위 아래 있었지만, 진정한 권위자이신 하나님의 뜻을 이루기 위하여 십자가를 지셨습니다.

"각 사람은 위에 있는 권세들에게 복종하라 권세는 하나님으로부터 나지 않음이 없나니 모든 권세는 다 하나님께서 정하신 바라"(롬 13:1) 하신 대로 그리스도인은 모든 권위에 순종하는 것이 하나님의 뜻입니다. 권세자들을 판단하는 것은 내가 아니라 하나님이십니다.

"종들아 모든 일에 육신의 상전들에게 순종하되 사람을 기쁘게 하는 자와 같이 눈가림만 하지 말고 오직 주를 두려워하여 성실한 마음으로 하라 무슨 일을 하든지 마음을 다하여 주께 하듯 하고 사람에게 하듯 하지 말라"(골 3:22-23)

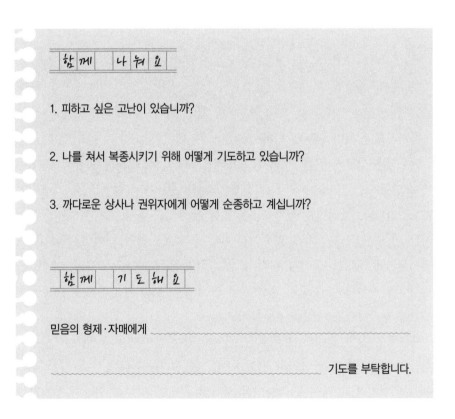

함께 나눠요

1. 피하고 싶은 고난이 있습니까?

2. 나를 쳐서 복종시키기 위해 어떻게 기도하고 있습니까?

3. 까다로운 상사나 권위자에게 어떻게 순종하고 계십니까?

함께 기도해요

믿음의 형제·자매에게 ～～～～～～～～～～

～～～～～～～～～～～～～～～～～ 기도를 부탁합니다.

'존중' 없는 '공경'은 위선

공경이란 하나님이 세우신 권위자 앞에 자신을 겸손히 낮추고
적절한 선물로 나의 헌신을 표현하는 것입니다.

사라는 남편인 아브라함의 결정에 따라 갈대아 우르에서 가나안 땅으로 왔습니다. 기근으로 애굽으로 내려가면서 아브라함이 두려워서 아내를 누이라 하자는데 동의함으로 곤경에 처하기도 했습니다. 사라는 공경의 성품을 가졌기에 자기의 의견은 배제하고 오직 남편의 의견을 따랐습니다. 공경이란 하나님이 세우신 권위자 아래 자신을 겸손히 낮추고 헌신하는 것입니다.

공경은 존중과 함께 생각해야 합니다. 존중은 다른 모든 곳에서 눈을 돌려 한 사람에게 시선을 고정하는 것입니다. 사라는 남편을 자신의 주인으로 존중하며 오직 남편만 바라보고 남편의 인도를 따르고자 했습니다. 남편을 얼마나 존중했는가는 남편을 주인으로 고백하는 그녀의 독백을 통해 알 수 있습니다.

소그룹 인도 ──────────────────────────

사도신경 : 다 같이 │ 찬송 : 324장(통360) │ 기도 : 회원 중 │ 본문말씀 : 창 18:9-15
새길말씀 : 창 18:12 │ 헌금 찬송 : 288장(통204) │ 헌금 기도 : 회원 중 │ 주기도문 : 다 같이

적의 군대가 한 마을을 포위했다. 적군의 장수는 마을 사람들에게 다음과 같이 외쳤다. "남자들은 모두 우리의 포로가 되어 노예로 끌려갈 것이다. 그러나 여자들은 다 풀어주겠다. 즉시 마을을 떠나라. 단 각자 가장 소중하게 여기는 보물 한 가지만을 지니고 가도록 허락하겠다."

여자들은 각자가 저마다 소중하게 여기던 물건을 하나씩 지니고 나섰다. 어떤 여인은 금반지, 어떤 여인은 은수저 등등을 챙겨 나왔다. 그런데 한 여인은 몸집이 작으면서도 엄청나게 큰 보따리를 메고 힘겹게 걸어가고 있었다. 검문하던 병사가 그 여인을 세워서 보따리를 풀었더니 뜻밖에도 그 속에는 한 사람의 남자가 있었다. 병사는 눈이 휘둥그레지면서 물었다. "이 사람은 도대체 누구냐?" 여인은 솔직하게 대답했다 "예, 제 남편입니다." 병사는 눈살을 찌푸리며 말했다. "왜 명령을 여기는가? 보물을 가져가라고 했지, 언제 사람을 메고 가라고 했는가?" 여인은 답변했다. "저에게 가장 소중한 보물은 제 남편입니다." 적군의 장수는 여인의 지혜와 그 마음에 감동되어 남편을 데리고 가는 것을 허락해 주었다. 남편을 존중하고 귀하게 여기는 아내의 행동이 남편의 목숨을 구했다.

남편을 존중하고 공경했습니다

아브라함이 하란에서 가나안으로 떠날 때 그의 나이는 75세, 사라는 65세였습니다. 본토 친척 아비집이 중요하기는 여성인 사라에게도 마찬가지입니다. 그러나 사라는 아무 말 없이 따라나섰습니다. 이후에 그들이 거주하던 가나안에 기근이 발생하여 애굽으로 이주할 때에도 말없이 남편을 쫓았습니다. 특히 아브라함이 자기의 목숨이 위태로울 수 있으니 당신을 누이라 부르자 했을 때, 부당한 일이지만 남편은 하나님이 세우신 권위자이기에 그의 의견을 존중하여 그대로 따랐습니다. 그랄에서 똑같은 일이 반복되었으나 사라는 남편을 존중하기에 불평 없이 순종했습니다(창 20:1-3).

사라는 아브라함을 남편이라고 하지 않고 내 주인이라고 했습니다. 부부는 오랫동안 함께 살다 보면 허물없는 친구가 됩니다. 그러나 사라는 늙었을 때도 자기 남편에게 함부로 대하지 않고 주인이라고 부르면서 남편을 높이고 그의 말에 순종했습니다. 남편 아브라함은 이삭을 제물로 드리는 문제를 사라와 상의하지 않았지만, 남편 아브라함에게 한 마디 불평이나 비방을 하지 않았습니다.

"사라가 아브라함을 주라 칭하여 순종한 것같이 너희는 선을 행하고 아무 두려운 일에도 놀라지 아니하면 그의 딸이 된 것이니라"(벧전 3:6)

아내로서 훌륭한 모델이 되었습니다

아브라함의 가정에 손님이 찾아 왔습니다. 아브라함은 아내에게 음식을 준비하도록 명령합니다. 사라는 갑작스러운 일이지만 바로 음식을 준비합니다. 사라가 남편에게 순종한 것은 자신이 모자라거나 못나서가 아닙니다. 남편을 주인으로 여겼기에 종의 자세로 남편을 지극히 섬겼습니다. 사라의 공경은 헌신과 섬김으로 드러났습니다. 그러므로 존중이 없는 공경은 위선에 빠지기 쉽고 헌신과 섬김이 없는 공경은 가식에 불과합니다.

남편 아브라함이 옳고 마음에 들어서 존중하고 공경한 것이 아닙니다. 모리아 산에서 이삭을 제물로 드린 사건에 대하여 사라는 제외되었습니다. 어머니에게 아들이 어떤 존재인가는 어머니들은 잘 압니다. 그런데 엄마인 사라에게 일언반구 말 한마디 없다는 것은 아내를 투명인간으로 취급한 것입니다. 이런 무시를 당했지만 사라는 남편을 끝까지 존중했습니다. 이는 사라가 남편을 '주'로 여겼기 때문입니다.

바울은 에베소 교회의 아내들에게 남편이 아내의 머리이기 때문에 자기 남편에게 복종하기를 주께 하듯 하라고 권면합니다(엡 5:22-23). 베드로는 아내들에게 사라를 예로 들어 권면하면서 어떤 경우라도 남편을 주로 섬기면 그의 딸이 된다 했습니다(벧전 3:6).

"그러나 너희도 각각 자기의 아내 사랑하기를 자신같이 하고 아내도 자기 남편을 존경하라"(엡 5:33)

함께 나눠요

1. 남편이 잘못된 결정을 내렸을 때, 아내로서 어떻게 대응하였습니까?

2. 남편이 완벽하지 않지만, 끝까지 공경할 수 있겠습니까?

3. 남편을 공경해야 할 이유가 무엇이라 생각하시나요?

함께 기도해요

믿음의 형제·자매에게 _____

_____ 기도를 부탁합니다.

불신 남편을 구원으로 이끄는 공경

공경이란 하나님이 세우신 권위자 앞에 자신을 겸손히 낮추고
적절한 선물로 나의 헌신을 표현하는 것입니다.

당시 초대교회는 여자 성도들이 많았으며, 이들 중 대부분은 남편이 이교
도였던 것으로 여겨집니다. 가부장적 사회에서 아내는 마땅히 남편에게 순종
하고 남편의 신앙을 따르는 것이 통상적인 일이었습니다. 당시 그리스도인 아
내들은 하나님 외에 다른 신을 섬기지 않도록 그리고 남녀는 평등하다는 사
실을 성경을 통해 배웠을 것입니다. 이런 가르침을 받은 여성 중에 가부장적
시대 상황을 무시하고 자기주장을 펴다가 가정에서 어려움을 겪는 일들이
있었던 것으로 여겨집니다.

사도 베드로는 믿지 않는 남편이라도 하나님이 세우신 권위자임을 알고 어
떤 자세로 남편을 공경해야 하는가를 가르칩니다. 아내의 바른 공경은 불신

소그룹 인도

사도신경 : 다 같이 | 찬송 : 546장(통399) | 기도 : 회원 중 | 본문말씀 : 벧전 3:1-7
새길말씀 : 벧전 3:4 | 헌금 찬송 : 310장(통410) | 헌금 기도 : 회원 중 | 주기도문 : 다 같이

남편을 구원할 수 있습니다.

하나님이 귀하게 여기는 아내가 되어야 합니다

"이와 같이 자기 남편에게 순종하라"는 말씀에서 '이와 같이'는 앞 장에서, 욕을 당하지만 욕하지 않고 심판자이신 하나님께 부탁하셨던 예수님이 순종하신 것처럼 하라는 말씀입니다(벧전 2;18-25). 그 당시 여성의 지위는 남편에게 절대복종해야 하는 존재로 종과 같은 수준이었습니다. 기독교 신앙이 전파되면서 개종한 여인들은 그리스도 안에서 남녀가 동등한 존재임을 깨달았지만, 현실은 바뀌지 않았습니다. 오히려 더 큰 핍박을 받았습니다. 이런 어려움 중에 예수님의 순종을 본받으라 가르칩니다.

믿지 않는 남편은 신자인 아내의 말이 아니라 행실로 구원 얻게 됩니다. 남편뿐 아니라 모든 사람은 말보다 행실을 중시합니다. 하나님을 경외하는 사람은 하나님을 기쁘시게 하려고 선하게 삽니다. 외모를 꾸미기보다 온유하고 지혜로운 마음이 더 중요함을 강조합니다. 이는 불신 남편의 마음이 감동되어 그리스도께 나오도록 하기 위함입니다.

신자인 아내들은 썩어 없어질 육신을 가꾸기보다 내적인 아름다움 곧 성품을 가꾸는데 더 힘을 기울여야 합니다. 성품은 신앙을 담는 그릇입니다. 하나님은 하나님이 세우신 권위자인 남편 앞에 겸손히 자신을 낮추어 헌신하는 여인을 귀하게 여기십니다.

"그의 영광의 풍성함을 따라 그의 성령으로 말미암아 너희 속사람을 능력으로 강건하게 하시오며"(엡 3:16)

아내는 순종으로 단장해야 합니다

당시 로마의 부인들은 요란한 장식을 좋아했습니다. 그들은 기독교로 개종한 후에도 겉모습을 단장하는 일에 큰 가치를 두었습니다. 베드로는 전에 하나님께 소망을 두었던 거룩한 부녀들을 소개합니다. 거룩한 부녀들이라고 완벽하거나 흠잡을 데 없이 덕망이 높은 것은 아닙니다. 하지만 하나님께 소망을 둔 여인들은 값비싼 보석이나 장식들로 단장하기보다 남편에게 순종함으로 단장하였다고 합니다.

베드로는 거룩한 부녀 중 한 사람으로 사라를 소개합니다. 사라는 자기의 남편인 아브라함에게 주라고 부를 만큼 그를 존경하고 순종했습니다. 아브라함과 사라는 주인과 종의 관계가 아니라 부부였습니다. 아브라함이 열국의 아비였던 것처럼, 사라 또한 열국의 어미로 인정받은 여인이었습니다(창 17:4-16). 그러나 사라는 하나님의 창조질서를 따라 남편 아브라함을 자신의 머리로 인정하고 자발적으로 섬겼습니다. 오늘날도 남편을 주로 섬기며, 선을 행하고 어떤 고난이 닥쳐도 두려워하지 않고 오직 하나님께 소망을 둔 사람들은 사라와 같이 하나님께 인정받습니다.

이 시대는 외적인 아름다움에 높은 가치를 두고 삽니다. 그러나 진정한 아름다움은 하나님이 주신 권위자인 남편, 부모를 공경하고 순종할 때 드러납니다.

"그러므로 우리가 낙심하지 아니하노니 우리의 겉 사람은 낡아지나 우리의 속 사람은 날로 새로워지도다"(고후 4:16)

남편도 아내에 대한 의무를 다해야 합니다

행복한 부부는 서로의 의무를 다합니다. 예수님을 주로 모신 남편은 아내에게 순종을 강요하지 않습니다. 남편은 하나님께서 결혼을 제정하신 목적을 따라 아내와 함께 살아야 합니다. 당시에는 단순히 자식을 낳기 위해서 결혼하는 경우가 많았다고 합니다. 그래서 아내를 돌보지 않고 동거하지 않는 경우가 있었습니다. 결혼의 목적은 자녀를 낳는 것만이 아닙니다. 결혼한 부부는 서로 사랑하고 돌보며 섬겨야 합니다.

아내는 연약한 그릇이기에 작은 일에도 쉽게 상처받습니다. 그렇기에 항상 온유하게 대하고 보호해야 합니다. 육체의 상처는 쉽게 아물어도 마음의 상처는 평생 가기도 합니다.

아내는 생명의 은혜를 함께 받을 자임을 알고 귀하게 여겨야 합니다. 즉 부부는 단순히 이 땅에서의 삶만을 위한 존재가 아니라 내세에 함께 생명의 은혜를 받게 될 영원한 동반자입니다. 그러므로 따뜻한 말 한마디, 부드러운 미소와 사랑으로 손을 잡아 주어야 합니다. 공경의 성품은 아내뿐 아니라 남편에게도 필요합니다. 하나님의 권위 아래서 겸손히 자신을 낮추어 아내를 위해 헌신하며 아내를 귀하게 여기면 기도의 문이 열립니다.

"서로 분방하지 말라 다만 기도할 틈을 얻기 위하여 합의상 얼마 동안은 하되 다시 합하라 이는 너희가 절제 못함으로 말미암아 사탄이 너희를 시험하지 못하게 하려 함이라"(고전 7:5)

함께 나눠요

1. 하나님이 귀하게 여기는 아내는 어떤 사람입니까?

2. 남편에게 얼마나 순종합니까?

3. 남편은 아내들을 얼마나 귀하게 여기고 있습니까?

함께 기도해요

믿음의 형제·자매에게 _____

_____ 기도를 부탁합니다.

'공경'은 끝없는 섬김, 끝없는 사랑

> **공경**이란 하나님이 세우신 권위자 앞에 자신을 겸손히 낮추고
> 적절한 선물로 나의 헌신을 표현하는 것입니다.

세상은 높아지기 위해 경쟁합니다. 제자들도 서로 높은 자리를 차지하기 위해 수시로 다투었습니다(마 20:21-24; 막 9:34, 눅 22:24). 그때마다 예수님은 제자들에게 섬김을 받고자 하는 자는 섬기는 자가 되어야 한다고 가르치셨습니다. 그러나 최후의 만찬 자리에서까지 서로 다투는 제자들의 모습을 보신 예수님은 친히 제자들의 발을 씻기심으로 섬김의 도를 보여주셨습니다. 유대인들의 풍습에 의하면 다른 사람의 발을 씻어 주는 일은 그 집안에 가장 비천한 종에게 맡겨진 일이었습니다.

예수님은 하나님의 영광을 버리고 종의 형체를 가져 육신을 입고 사시는 동안에도 진정한 섬김의 도, 공경이 무엇인가를 가르치셨습니다.

소그룹 인도

사도신경 : 다 같이 | 찬송 : 320장(통350) | 기도 : 회원 중 | 본문말씀 : 요 13:1-14
새길말씀 : 요 13:14 | 헌금 찬송 : 321장(통351) | 헌금 기도 : 회원 중 | 주기도문 : 다 같이

끝까지 섬기셨습니다

예수님은 제자 중 한 사람이 자신을 팔 것을 아셨지만 끝까지 그를 사랑하셨습니다. 최후의 만찬 자리에서까지 누가 크냐 싸우는 제자들도 사랑하셨습니다. 이런 제자들에게 예수님은 떠나기 전에 제자의 삶을 가르치고자 하셨습니다. 예수님은 하나님께로부터 오셨고, 죽은 후에 부활하여 다시 아버지께로 돌아가실 때가 다가왔음을 아셨습니다. 예수님은 얼마 남지 않은 시간에 사랑하는 제자들에게 진정한 섬김이 어떤 것인지 몸소 실천하여 보여주려 제자들의 발을 씻기셨습니다.

작심삼일이라는 말이 있듯이 어떤 일을 지속하기는 쉽지 않습니다. 운동의 필요성을 절감하고 헬스장 회원권을 끊지만, 1년은 고사하고 3개월 계속하기도 쉽지 않습니다. 더욱 남을 섬기는 일, 물질을 드리고 시간을 내서 즐거운 마음으로 섬기는 일을 지속하기는 더욱 어렵습니다. 그러나 예수님은 기대에 미치지 못하는 제자들을 끝까지 사랑하셨습니다. 장차 하나님 나라를 위해 쓰임 받을 것을 기대하시며 끝까지 섬기셨습니다. 하나님의 아들이시지만 자신을 낮추시며 섬김으로 공경의 성품을 보여주셨습니다. 공경은 도무지 사랑할 수 없는 사람도 끝까지 사랑하고, 섬기고 싶은 마음이 없는 사람도 끝까지 섬기는 것입니다.

"사람의 모양으로 나타나사 자기를 낮추시고 죽기까지 복종하셨으니 곧 십자가에 죽으심이라"(빌 2:8)

제자들의 발을 씻기셨습니다

예수님은 식사하던 자리에서 일어나 제자들의 발을 씻기셨습니다. 일반적으로 식사 중에 일어나는 것은 함께 있는 사람들에게 결례입니다. 그러나 예수님이 결례를 무릅쓰고 일어나신 것은 식사보다 제자들의 발을 씻기는 일이 더 중요했기 때문입니다. 당시 근동 지방에서는 외출했다가 돌아오면 먼저 발을 씻습니다. 상전의 발을 씻기는 일은 그 집에서 가장 천한 종들이 하는 일이었습니다.

예수님은 종들이 주인의 발을 씻길 때 하듯이 겉옷을 벗으시고 허리에 수건을 두르시고 제자들의 발을 씻기기 시작했습니다. 그러면서 제자들에게 말씀하십니다. "앉아서 먹는 자가 크냐 섬기는 자가 크냐 앉아서 먹는 자가 아니냐 그러나 나는 섬기는 자로 너희 중에 있느니라" 하셨습니다(눅 22:27). 예수님은 제자들에게 "내가 주와 또는 선생이 되어 너희 발을 씻었으니 너희도 서로 발을 씻어 주는 것이 옳으니라" 하셨습니다. 예수님은 선생이라도 종처럼 섬기는 자로 살아야 함을 가르치기 위해 친히 제자들의 발을 씻기셨습니다. 공경의 성품을 가진 사람은 예수님처럼 자기보다 높은 사람뿐 아니라 낮은 사람까지도 온 맘을 다해 섬깁니다.

"너희 중에 누구든지 으뜸이 되고자 하는 자는 모든 사람의 종이 되어야 하리라"(막 10:44)

깨닫지 못하는 제자들까지 섬기셨습니다

베드로는 선생님이요 주되신 예수님이 자신의 발을 씻기신다는 것이 이해가 되지 않았습니다. 당시 풍습을 잘 알고 있는 베드로는 예수님께 절대로 내 발을 씻기실 수 없다며 거절했습니다. 그러나 예수님께서 내가 너를 씻어 주지 않으면 너는 나와 상관이 없다 하시자 깜짝 놀란 베드로는 자신의 몸까지 씻어달라고 요구합니다. 예수님은 이미 목욕한 자는 깨끗하니 다시 몸을 씻을 필요가 없다 하십니다. 이는 예수 그리스도를 믿음으로 죄를 용서받고 깨끗하게 된 사람은 매일매일 짓는 죄를 회개하면 된다는 말씀입니다. 하지만 베드로를 비롯하여 제자들은 예수님이 발을 씻기시는 의도를 몰랐습니다.

제자 중에는 예수님이 그들의 구주 되심을 알지 못하는 자도 있었습니다.

당시 제자들은 존경할만한 인물들이 아니었습니다. 존경할 만한 사람을 존경하고, 훌륭한 사람을 섬기는 일은 즐거운 마음으로 할 수 있습니다. 그러나 자기의 뜻을 이해하지 못하고 자기가 누구인지도 제대로 알지 못하는 사람을 섬기기는 쉽지 않습니다. 예수님은 자신의 말이나 행동을 제대로 이해하지 못하고 엉뚱하게 행동하는 제자들, 전혀 미덥지 않은 제자들을 섬기셨습니다. 이것이 공경의 성품입니다.

"스스로 속이지 말라 하나님은 업신여김을 받지 아니하시나니 사람이 무엇으로 심든지 그대로 거두리라"(갈 6:7)

함께 나눠요

1. 가족과 성도들, 이웃을 그리스도의 마음으로 끝까지 섬기겠습니까?

2. 나보다 지위가 낮은 사람을 잘 섬기고 있습니까?

3. 나를 이해하지 못하는 사람이라도 끝까지 섬기겠습니까?

함께 기도해요

믿음의 형제·자매에게 _____

_____ 기도를 부탁합니다.

생명의 길을 선택한 과단성

과단성이란 정확한 사실, 지혜로운 조언, 명확한 목표에 근거하여 옳은 일을 하기로 선택하는 것입니다.

리브가는 우물가에서 만난 아브라함의 종을 통해서 자신을 향한 하나님의 계획과 인도하심을 알게 되었습니다. 이제 리브가 자신의 전 생애가 걸린 결단의 시간이 다가오고 있었습니다. 다음날 날이 밝자마자 아브라함의 종은 곧 떠날 준비를 했습니다. 그리고 리브가를 데리고 가나안으로 돌아가게 해 달라고 요청합니다. 가족들은 곧 심각한 고민에 빠졌습니다. 쉽게 결정할 수 없었기 때문입니다. 그때 리브가가 '가겠습니다' 라는 한마디로 자신의 미래를 결정하는 과단성을 보였습니다. 과단성이란 어떤 대가를 치루더라도 옳은 일을 행할 것을 결단하는 것입니다. 이를 위해서는 먼저 자신이 하나님을 섬길 것을 확정해야 하고, 다음으로는 하나님께서 보여주시는 목표를 향하여

소그룹 인도 —

사도신경 : 다 같이 | 찬송 : 459장(통 514) | 기도 : 회원 중 | 본문말씀 : 창 27:1-13
새길말씀 : 창 27:33 | 헌금 찬송 : 212장(통 347) | 헌금 기도 : 회원 중 | 주기도문 : 다 같이

집중하고 실행하는 것입니다.

과단성 예화

　　과단성 예화 : 필리핀에서 사역하시는 권귀동 선교사는 스무 살이 되던 어느 날, 「선교사가 되려면」이란 소책자의 한 구절을 읽게 됩니다. "어떤 사람들은 하루에도 수없이 예수님의 소식을 듣지만 예수님을 믿지 않는다. 그러나 평생 한 번도 예수님의 소식을 들어보지 못하고 죽어가는 사람이 얼마나 많은가? 그들을 위해서 누가 응답하겠는가?"라는 질문이었습니다. 그는 책을 덮고 곧바로 "주님 나를 보내소서"라고 고백했습니다. 그로부터 11년이 지난 1995년 2월 2일 세 살 된 딸과 아내를 데리고 필리핀 땅을 밟았습니다. 누구나 가까이 하기를 두려워하던 땅인 살인, 보복, 혼란, 분쟁이 있는 반군지역 민다나오 까방나산에 도착한 권 선교사는 원주민을 사귀기 위해 산에 오르기 전에 머리를 흩뜨리고 흙과 마른 풀잎을 옷에 문지르고, 먹을 것을 준비하지 않았습니다. 원주민들의 마음을 얻기 위해서 자신의 모든 것을 내어 놓았습니다. 원주민들과 사귐이 이루어진 이후에는 교회 앞마당에 우물을 만들어 빨래와 식수를 해결하도록 도왔습니다. 주민들을 격려하며 함께 옥수수 밭을 일구어 자립을 도왔고, 채소, 열대 과일들을 재배하게 하여 그들의 기아 문제를 해결해 주었습니다. 15년이 흐른 뒤에는 과거 반군이 살던 지역은 서서히 변화되어 이제는 반군들도 사라져버렸습니다. 주님의 뜻을 따라 좁은 문으로 들어가기를 선택한 한 사람의 과단성이 흑암의 땅을 소망의 땅으로 변모시켰습니다. "그는 우리들의 희망이며, 은인이자 기둥이며 사랑입니다."라고 원주민들은 이구동성으로 칭찬했습니다.

하나님의 뜻을 깨닫고 믿음으로 결단했습니다

　리브가의 생애를 살펴보면 연약한 여인이었지만 하나님의 뜻을 알고 결정적인 순간에 그 뜻을 따르기로 결단했습니다. 먼저 리브가의 과단성은 이삭과의 결혼 과정에서 보여 집니다. 리브가는 자신이 고향을 떠나 멀리 가나안 땅에 살고 있는 이삭의 아내로 택함 받았다는 이야기를 들으며, 마음속에 갈등을 느꼈습니다. 리브가는 만일 자신이 이삭과의 결혼을 받아들여 그의 아내가 되기로 결단한다면, 자신이 태어나고 자란 고향을 떠나 한 번도 가보지 않은 가나안땅으로 가야 했습니다. 뿐만 아니라 이삭이 어떤 성품인지? 어떻게 생겼는지? 혹시 어떤 문제가 있는지? 아무 것도 알 수 없었습니다. 그러나 이렇게 결단할 수 있었던 것은 어떤 대가를 치르더라도 하나님의 뜻을 따르겠다는 믿음이 있었기 때문입니다.

또한 리브가의 과단성은 영적인 장자권의 계승을 두고 다시 나타납니다. 쌍둥이였던 에서와 야곱, 두 아들이 리브가의 태중에 있을 때 하나님께로부터 놀라운 비밀을 듣게 되었습니다. "두 국민이 네 태중에 있구나 두 민족이 네 복중에서부터 나누이리라 이 족속이 저 족속보다 강하겠고 큰 자가 어린 자를 섬기리라"(창 25:23). 이후 리브가는 두 아들의 삶을 하나님의 관점에서 바라보았습니다. 리브가는 큰 아들 에서가 자신에게 주어진 영적인 축복인 장자권을 팥죽 한 그릇에 팔아버리는 어리석은 행실(창 25:29-34)과 부모의 허락 없이 자신이 좋아하는 가나안 여인을 취하여 아내로 삼는 자기중심적인 태도(창 26:34-35)로 사는 것을 보았습니다. 반면 야곱은 둘째로 태어났지만 하나님의 영적 유산을 받기를 사모하는 모습, 형 에서와 달리 영적인 것에 마음을 두는 경건한 자의 삶을 사는 것을 보았습니다. 리브가는 이 두 아들을 보면서 더욱 영적인 후손으로 야곱을 선택하신 하나님의 뜻을 확신하게 되었습니다.

"내가 오늘 하늘과 땅을 불러 너희에게 증거를 삼노라 내가 생명과 사망과 복과 저주를 네 앞에 두었은즉 너와 네 자손이 살기 위하여 생명을 택하고"(신 30:19)

고난의 과정을 통하여 영적 장자로 세워졌습니다

과단성은 하나님의 뜻을 선택할 뿐만 아니라 그것을 이루는 방법도 하나님의 방법으로 이루어가야 합니다. 리브가는 하나님의 뜻을 깨닫고 믿음으로 결단했지만 그녀는 하나님의 때, 하나님의 방법이 아닌 사람의 방법을 선택함으로 둘째 아들 야곱의 삶에 많은 어려움과 고난의 과정을 겪게 만들었습니다.

그럼에도 불구하고 참으로 간절한 마음으로 하나님의 은혜 입기를 원하는 야곱을 하나님의 언약을 성취하는 믿음의 장자로 세워주셨습니다. 리브가의 과단성을 통해 하나님의 약속을 성취하셨습니다(사 43:1). 때로는 잘못된 선택으로 큰 어려움을 겪기도 하지만, 여러 가지 어려운 과정가운데 하나님을 믿고 의지함으로 하나님의 약속을 이룰 수 있었습니다. 하나님의 뜻을 깨달았다면 그 뜻을 이루기 위해서 무엇보다 먼저 할 일은 과단성 있게 내 뜻을 포기하고 하나님의 뜻을 선택해야 합니다.

"믿음이 없이는 하나님을 기쁘시게 하지 못하나니 하나님께 나아가는 자는 반드시 그가 계신 것과 또한 그가 자기를 찾는 자들에게 상 주시는 이심을 믿어야 할지니라"(히 11:6)

함께 나눠요

1. 나는 어떻게 하나님의 뜻을 분별합니까? 그 뜻대로 순종하는 일에 어려운 점은 무엇이며 이를 어떻게 극복했습니까?

2. 나는 어떤 일을 결정할 때 어떤 기준에 의해 선택합니까?

3. 요즘 내가 하나님의 뜻을 깨닫고 결단한 것은 무엇입니까?

함께 기도해요

믿음의 형제·자매에게 _____

_____ 기도를 부탁합니다.

죽음까지 각오한 과단성

> **과단성**이란 정확한 사실, 지혜로운 조언, 명확한 목표에 근거하여
> 옳은 일을 하기로 선택하는 것입니다.

　이사야 선지자는 온 인류를 구원하실 메시야가 이 땅에 오실 것에 대해 "보라 처녀가 잉태하여 아들을 낳을 것이요 그의 이름을 임마누엘이라 하리라"(사 7:14)고 예언했습니다. 하지만 메시야에 대한 기다림은 세월이 흘러감에 따라 조금씩 흐려져서 대다수의 유대인들은 막연히 메시야의 오심을 기대하고 있었을 뿐, 정작 온전한 믿음으로 기다리던 사람은 거의 없었습니다. 그러나 죄인들을 향한 하나님의 언약은 변하지 않습니다. 하나님의 택함을 입은 마리아는 이미 요셉과 정혼한 상태였지만 처녀의 몸으로 주의 뜻을 알고, 그 뜻을 따라 아기를 낳기로 결단하는 것은 죽음을 각오한 그녀의 과단성입니다. 마리아는 하나님의 뜻을 신뢰하고 받아들이는 과단성을 보여

소그룹 인도

사도신경 : 다 같이 ｜ 찬송 : 441장(통 498) ｜ 기도 : 회원 중 ｜ 본문말씀 : 눅 1:26-38

새길말씀 : 눅 1:31-33 ｜ 헌금 찬송 : 313장(통 352) ｜ 헌금 기도 : 회원 중 ｜ 주기도문 : 다 같이

주었습니다.

하나님의 뜻을 분별했습니다

마리아가 하나님께 선택을 받은 것은 전적인 하나님의 은혜였지만, 그럼에도 불구하고 마리아에게는 하나님께 칭찬들을 만한 아름다운 믿음이 있었습니다. 은혜라고 해서 하나님은 아무렇게나, 아무 사람이나 선택하신 것이 아니었습니다. 30절을 보면 "네가 하나님께 은혜를 얻었느니라"는 말씀이 있습니다. 이 말의 의미는 마리아가 하나님의 은혜를 구하고, 찾았다가 드디어 하나님의 은혜를 얻었다는 의미입니다. 하나님은 세상의 눈에는 그다지 특별하지 않은 평범한 시골 처녀 마리아를 선택하셨습니다. 마리아는 구약성경에 예언된 메시야를 기다리는 사람들 가운데 한 사람이었습니다. 그녀는 하나님의 언약을 믿고 믿음으로 살았습니다. 그러한 마리아에게 '하나님께 은혜를 입은 자'라고 표현한 것입니다.

성경이 말하는 은혜란 하나님의 뜻을 따라 살아갈 수 있도록 도우시는 하나님의 능력입니다. 과단성의 성품은 이 세대를 본받지 않고 오직 하나님의 뜻을 분별하며 그 뜻을 따라 오직 믿음으로 좁은 길을 걷는 것입니다(마 7:13-14). 마리아는 로마의 압제 아래에서 율법과 전통으로 굳어져 버린 유대사회 속에서도 살아있는 신앙을 소유한 여인이었습니다. 그녀는 천사가 전하여준 하나님의 말씀에 대한 확고한 믿음으로 하나님의 뜻을 분별할 수 있었습니다. 이렇게 하나님의 뜻을 선택할 수 있었던 과단성은 그녀에게 베풀어주신 전적인 하나님의 은혜 때문이었습니다.

"그러므로 형제들아 내가 하나님의 모든 자비하심으로 너희를 권하노니 너희 몸을 하나님이 기뻐하시는 거룩한 산 제물로 드리라 이는 너희가 드릴 영적 예배니라 너희는 이 세대를 본받지 말고 오직 마음을 새롭게 함으로 변화를 받아 하나님의 선하시고 기뻐하시고 온전하신 뜻이 무엇인지 분별하도록 하라"(롬 12:1,2)

하나님의 뜻을 선택했습니다

하나님의 은혜를 입은 마리아에게 자신의 일생 뿐 아니라 집안 전체에 심각한 위협이 될 수 있는 어려운 결단의 순간이 다가왔습니다. 하나님의 은혜를 입었다는 것은 바로 하나님의 영광을 위하여 자신의 삶을 드릴 수 있는 기회가 주어짐을 의미합니다. 마리아는 자신이 하나님의 은혜를 입었고, 그 하나님께서 자신과 함께 하신다는 가브리엘 천사가 전한 소식에 놀랐지만, 하나님을 온전히 믿었기에 두려운 상황 가운데서도 하나님의 뜻을 받아들일 수 있었습니다. 그녀는 이미 정혼한 여인이었습니다. 마리아는 결혼하면 결혼의 기쁨과 함께 평범한, 그리고 평탄한 삶이 보장되어 있었습니다.

그러나 그녀가 하나님의 뜻을 선택하고 받아들인다면, 다시 말해 처녀의 몸으로 아기를 낳는다면 이는 곧 파혼당할 것을 각오해야 했습니다. 나아가 부정한 여인으로 율법에 의해 돌에 맞아 죽임을 당할 각오까지 해야 했습니다. 그러나 마리아는 주저하지 않았습니다. 마리아는 아무 것도 아닌 자신을 통해서 메시야가 오신다는 것을 하나님의 큰 은혜로 받아들였습니다. 그리고 그 말씀대로 이루어질 것을 믿으며 하나님의 뜻을 선택했습니다. 그로 인해 당할 불이익이나 고난은 두려움이나 염려의 대상이 아니었습니다. 다만 '어떻게 하면 하나님의 뜻대로 살 것인가?' 에 자신의 모든 것을 걸었습니다. "주의 계집종이오니 말씀대로 내게 이루어지이다" 마리아는 죽음을 각오하고 하나님의 뜻을 선택했습니다.

"무릇 내게 오는 자가 자기 부모와 처자와 형제와 자매와 더욱이 자기 목숨까지 미워하지 아니하면 능히 내 제자가 되지 못하고 누구든지 자기 십자가를 지고 나를 따르지 않는 자도 능히 내 제자가 되지 못하리라"(눅 14:26-27)

하나님의 뜻대로 순종했습니다

마리아는 어린 나이임에도 불구하고 죽음을 각오하고 하나님이 행하실 일을 받아들였습니다. 그리고 그녀의 생명과 그녀의 미래를 하나님의 손에 맡겼습니다. 자신을 향한 하나님의 사랑을 알기 때문에 그 어느 것도 두려워하지 않고, 하나님이 이루실 메시야 잉태를 기대하고 받아들이기로 결단했습니다. 이것이 바로 마리아의 과단성입니다. 이제 마리아는 하나님께서 이루실 그 뜻을 바라보고 기다립니다.

이처럼 마리아와 같이 과단성 있는 삶을 살아가기 위해서는 먼저 예수님을 나의 주인으로 받아들여야 합니다. 그리고 이제부터 나의 주인이신 주님의 뜻을 먼저 구하고 그 뜻대로 순종해야 합니다. 하나님의 뜻에 나의 모든 삶을 드려야 합니다. 그러기 위해서는 나를 부인하고 나의 십자가를 질 수 있어야 합니다. 예수님께서도 "그 앞에 있는 기쁨을 위하여 십자가를 참으사"(히 12:2)라고 말씀하셨습니다. 종에게는 오직 주인의 뜻을 따라 사는 순종의 삶 외에 아무 것도 없음을 알고, 예수님과 같이 십자가의 길을 묵묵히 걸어가야 합니다. 그때 생명의 신비를 체험하고 부활의 능력이 나타나게 됩니다.

"나는 선한 싸움을 싸우고 나의 달려갈 길을 마치고 믿음을 지켰으니 이제 후로는 나를 위하여 의의 면류관이 예비되었으므로 주 곧 의로우신 재판장이 그 날에 내게 주실 것이며 내게만 아니라 주의 나타나심을 사모하는 모든 자에게도니라"(딤후 4:7-8)

1. 내가 마리아라면 이러한 하나님의 뜻을 어떻게 받아들였을 것 같습니까?

2. 나는 마리아의 과단성을 들으면서 어떤 교훈을 받았습니까?

3. 나는 잘못된 선택으로 인해 후회해 본 적은 없었습니까?

함께 기도해요

믿음의 형제·자매에게 _____

_____ 기도를 부탁합니다.

하나님의 때를 선택한 과단성

과단성이란 정확한 사실, 지혜로운 조언, 명확한 목표에 근거하여
옳은 일을 하기로 선택하는 것입니다.

　예루살렘에서 복음을 전하시던 예수님은 유대인들의 살해 위협 속에 요단
강 저편 세례 요한의 세례 주던 곳으로 물러가셨습니다. 그때 예수님께서 사
랑하시는 베다니 촌의 나사로가 병들어 죽게 되었다는 소식과 함께 그 누이
들이 나사로를 살려달라고 요청 했습니다. 이 요청을 들으셨음에도 불구하고
예수님은 계시던 곳에서 이틀을 더 머무셨습니다. 그동안 나사로는 죽어 장
사되었습니다. 나사로의 죽음을 아신 예수님은 비로소 제자들과 함께 나사
로의 집이 있는 베다니로 가셨습니다.

　예수님께서 마을 어귀에 도착하자 마르다와 마리아는 적잖이 예수님을 원
망하는 눈치로 영접합니다. 예수님은 나사로를 '친구'라 부르실 만큼 아끼고

소그룹 인도

사도신경 : 다 같이 | 찬송 : 586장(통 521장) | 기도 : 회원 중 | 본문말씀 : 요 11:1-16, 38-44
새길말씀 : 요 11:40 | 헌금 찬송 : 380장(통 424) | 헌금 기도 : 회원 중 | 주기도문 : 다 같이

사랑하셨음에도 나사로가 죽음에 이르도록 놓아두셨습니다. 그리고 그 나사로를 죽음에서 살리심으로 부활이요 생명이신 예수님 자신을 증거 하셨고, 하나님께 영광을 돌리셨습니다. 사흘이나 늦었지만 예수님은 하나님의 뜻과 방법에 근거하여 옳은 일을 선택하시는 과단성을 보여주셨습니다.

하나님의 때를 기다리셨습니다

나사로가 병들자 그의 누이인 마르다와 마리아는 예수님께 사람을 보내어 병을 고쳐달라고 요청했습니다. 예수님은 질병으로 고통당하는 이들을 외면하지 않으십니다. 하지만 예수님께서 사랑하시던 나사로의 병든 소식을 전해 들으시고, 오히려 이틀을 더 머무셨습니다. 즉시 가야할 긴박한 상황에서 오히려 시간을 지체하셨습니다. 본문의 11절 말씀은 예수님이 나사로가 죽기를 기다리셨음을 짐작할 수 있게 합니다. 예수님이 나사로의 집에 이르렀을 때에 나사로의 죽음으로 애통해 하는 이들을 바라보시면서 눈물을 흘리셨습니다. 눈물 흘리시는 예수님을 바라보던 유대인들의 입에서 비웃는 소리가 들렸습니다. 예수님은 나사로의 죽음으로 인해 자신에게 쏟아지는 원망의 눈빛을 알고 계셨습니다. 그것이 예수님께 대한 절대적인 신뢰에 금이 가는 결과를 가져올 수도 있었습니다.

지금까지 예수님은 다른 어떤 사람들과의 관계 속에서 실수하신 적이 없으셨습니다. 그래서 도움을 청하는 마르다와 마리아의 요청을 듣고 곧바로 가지 않으셨다는 것이 쉽지 않으셨을 것입니다. 하지만 여기서 예수님은 과단성의 성품을 보이셨습니다. 신앙인의 과단성은 내가 믿는 하나님의 뜻을 알고, 그 뜻을 선택하는 것에서부터 출발합니다. 즉 예수님은 하나님의 때를 기다리셨습니다.

"내가 아무 것도 스스로 할 수 없노라 듣는 대로 심판하노니 나는 나의 뜻대로 하려 하지 않고 나를 보내신 이의 뜻대로 하려 하므로 내 심판은 의로우니라"(요 5:30)

하나님의 뜻을 끝까지 신뢰하셨습니다

예수님은 나사로가 병들었다는 소식을 접하셨을 때 죽을병이 아니라고 분명히 말씀하셨는데 나사로는 죽었습니다. 예수님은 나사로의 죽음을 확인하시고, 하나님께 대한 불신이 아니라 다시 살리실 하나님을 바라보셨습니다. 그리고 나사로의 무덤 앞에 서셨습니다. 무덤 입구를 막은 돌을 옮겨놓으라고 말씀하셨습니다. '썩어 냄새난다' 는 사람들의 이야기에도 절망적인 상황을 대면하셨을 때에도 예수님은 하늘 아버지께 대한 신뢰를 포기하지 않으셨습니다. 도리어 "네가 믿으면 하나님의 영광을 보리라 하지 않았느냐"라고 말씀하셨습니다.

그리고 나사로의 무덤 앞에서 하늘을 우러러 기도하셨습니다. "항상 내 말을 들으시는 줄을 내가 알았나이다" 그리고 큰 소리로 외치셨습니다. "나사로야 나오라" 여기서 과단성이란 내가 섬기는 하나님의 뜻 앞에 굳게 서 있음을 확신하는 것입니다. 우리는 우리가 기도한 결과가 나타나지 않을까 의심하기도 하고 염려하기도 합니다. 하지만 주님은 조금도 의심하지 않으셨습니다. 나사로가 죽지 않는다는 하나님의 뜻을 신뢰하셨기 때문에 나사로가 죽었다 해도 다시 살리실 것을 믿었습니다. 예수님은 나사로의 시체가 썩어 냄새가 나도 하나님께서 다시 살리실 것을 의심하지 않으셨습니다.

> "조금 나아가사 얼굴을 땅에 대시고 엎드려 기도하여 이르시되 내 아버지여 만일 할 만하시거든 이 잔을 내게서 지나가게 하옵소서 그러나 나의 원대로 마시옵고 아버지의 원대로 하옵소서 하시고"(마 26:39)

하나님의 영광을 보여주셨습니다

아무도 예상하지 못했습니다. 이미 죽은 지 나흘이 되어 썩은 냄새가 진동하는 시신을 향하여 "나사로야 나오라"고 외치실 줄 몰랐습니다. 그런 상황에서 누가 그런 황당한 일을 할 수 있겠습니까? 하지만 예수님은 외치셨습니다. 이때 놀라운 일이 벌어졌습니다. 온 몸이 베로 감겨진 채 나사로는 무덤에서 나와 그들이 볼 수 있는 자리에 서 있었습니다. 아무도 그에게 가까이 가려 하지 않았습니다. 침묵을 깨뜨리시고, 사람들의 정신이 돌아오게 한 것은 예수님의 말씀이었습니다. "풀어 놓아 다니게 하라" 사람들은 정신을 차리고, 죽은 자를 살리신 하나님의 아들 예수님을 바라보았습니다. 그때야 비로소 사람들은 예수님의 말씀의 능력을 알았습니다.

"나는 부활이요 생명이니 나를 믿는 자는 죽어도 살겠고 무릇 살아서 나를 믿는 자는 영원히 죽지 아니하리라."(요 11:25) 예수님의 과단성은 부활이요 생명이신 예수님 자신을 증거 하셨고, 또 하나님의 영광을 보여주셨습니다.

"좁은 문으로 들어가기를 힘쓰라 내가 너희에게 이르노니 들어가기를 구하여도 못하는 자가 많으리라"(눅 13:24)

함께 나눠요

1. 일상생활 속에서 만나는 많은 선택의 순간마다 나의 선택 기준은 무엇입니까?

2. 나는 하나님의 뜻을 따르기보다는 사람을 의식하고 사람의 뜻을 따라가고 있지 않습니까?

3. 나는 요즘 어떻게 하나님의 말씀을 듣고 순종하고 있습니까?

함께 기도해요

믿음의 형제·자매에게 _____

_____ 기도를 부탁합니다.

하나님을 온전히 신뢰한 사람

신뢰성은 어떤 대가를 치르더라도 하나님의 뜻을 행하기로
마음에 작정하는 것입니다.

이삭은 아버지 아브라함이 겪었던 흉년을 똑같이 겪었고 이때 아버지 아브라함처럼 대흉년의 위기를 넘기는 방법으로 당시 풍요의 상징이었던 애굽으로 이주할 것을 계획합니다. 이삭은 가족들을 데리고 그랄을 지나 애굽으로 내려가려고 합니다. 하나님은 이삭에게 나타나셔서 애굽으로 내려가지 말라고 지시하십니다(2절). 결국 이삭은 하나님의 약속을 믿고 그 땅에 머물게 됩니다.

이처럼 하나님의 백성은 하나님의 약속을 전적으로 신뢰하는 모습이 있어야 합니다. 하나님은 환경보다 하나님의 말씀을 신뢰할 때, 우리의 도움이 되어 주시며 피난처요 보호자가 되어 주십니다. 이삭은 하나님의 약속을 신뢰함으로 하나님을 기쁘시게 하는 삶을 살았습니다.

소그룹 인도

사도신경 : 다 같이 | 찬송 : 435장(통 492) | 기도 : 회원 중 | 본문말씀 : 창 26:1-6
새길말씀 : 창 26:2 | 헌금 찬송 : 546장(통 399) | 헌금 기도 : 회원 중 | 주기도문 : 다 같이

켄트 크로켓의 「하나님의 인공호흡이 필요할 때」에 나오는 일화를 소개 합니다.

"일전에 나는 두 교회 형제들과 함께 호수 옆으로 일박 캠핑을 갔다. 일기예보를 확인하지 않고 갔는데, 석양이 질 무렵 갑자기 먹구름이 몰려오며 어두워지더니 비바람이 몰아치는 것이었다. 바람이 시속 60내지 70킬로미터로 불면서 비를 퍼붓기 시작했고, 우리가 친 텐트의 수 미터 앞에는 벼락이 내리쳤다. 우리가 붙들고 있었던 소형 천막은 아무런 보호가 되지 못했으며, 시편 91편 5절의 '밤에 놀램'이라는 말씀을 실감할 정도였다. 그렇게 죽음과 가까이했던 상황은 계속되었고, 모두 가족들을 다시 볼 수 없을 것이라는 두려움에 떨고 있었다.

그때 주님께서는 갈릴리 바다 한복판에서 광풍을 만났던 예수님의 제자들 이야기를 기억나게 해 주셨다. 우리는 모두 죽게 되었다고 소리치는 제자들과 같았다. 나는 함께했던 두 장로님에게 갈릴리 바다의 광풍 가운데 있었던 제자들도 우리와 똑같이 느꼈을 것이라고 말했다. 그리고 나는 그분들에게 물었다. '하나님께서 우리를 보호해 주실 것이라고 신뢰하십니까? 주님은 우리의 죽음의 때가 지금 이 순간인지, 아닌지 알고 계십니다.' 우리는 무섭게 내리치던 바람과 폭풍을 말씀 한마디로 잔잔케 하신 예수님의 권능을 기억했고, 하나님이 우리와 함께 계신다는 것을 확신했다. 그러자 초자연적인 평강이 우리를 덮기 시작했다. 그 폭풍이 지나갔을 때 우리는 이전에 이론으로만 알고 있었던 믿음을 실제 개인적인 체험으로 배우게 되었다. 우리는 인생길에서 많은 종류의 폭풍들을 만난다. 그러나 우리가 할 일은 단순히 하나님을 신뢰하므로 그 폭풍들을 두려워하지 않는 것이다."

하나님의 약속을 온전히 신뢰했습니다

팔레스틴의 유대지방은 광야지역이 많아 비가 내리지 않으면 농사를 지을 수 없고, 물이 없으면 살 수가 없습니다. 아브라함 때에 그 땅은 흉년이 들어 애굽으로 피난을 갔었고, 아들 이삭 때에 또 다시 흉년이 들었습니다. 흉년이 들자 애굽으로 내려갈 수밖에 없는 상황이 되었습니다. 그런데 하나님께서 애굽으로 내려가지 말라고 하신 것은 도무지 이해할 수 없는 명령이었습니다. 애굽도 비가 잘 내리지 않는 곳이지만 나일강은 한 해에 한 번씩 집중호우로 인한 홍수로 강이 범람하였습니다. 이때 상류의 기름진 자양분이 하류까지 흘러들어가고 거대한 나일 삼각주를 이룹니다. 이곳에서의 소출로 애굽은 식량고를 겪지 않습니다. 그러므로 당시의 애굽은 항상 먹을 것이 풍부했고, 기근이 오면 주변 지역 또는 나라의 사람들은 애굽으로 이주했습니다.

그러나 애굽은 영적으로 죄악 세상을 상징합니다. 하나님을 모르는 이방인들이 거주하고 각종 우상숭배가 난무하는 타락한 곳이었습니다. 그래서 하나님은 죄악이 관영한 애굽 땅에 가지 말고 약속의 땅에 머물라고 명령하셨습니다. 우리 생각에는 애굽에 가서 우선 굶주린 배를 채우는 것이 당연할 것 같지만 하나님의 생각은 달랐습니다. 하나님은 이삭에게 온전한 신뢰를 기대하셨습니다. 온전한 신뢰는 하나님의 말씀을 듣고 모든 것을 전적으로 하나님께 맡기는 것입니다. 이삭은 하나님의 약속을 믿고 그랄에 머물게 됩니다.

"믿음은 바라는 것들의 실상이요 보이지 않는 것들의 증거니 선진들이 이로써 증거를 얻었느니라"(히 11:1-2)

자신의 뜻을 포기하고 하나님의 뜻을 선택했습니다

두 번째 사건은 이삭이 야곱을 축복하는 사건입니다. 아버지 장남 에서에게 축복하려고 했습니다. 큰아들 에서는 사냥꾼이었고 둘째 아들 야곱은 가정적이어서 늘 장막에 거했습니다. 아버지 이삭은 에서를 더 사랑했고, 어머니 리브가는 자연히 집에 머물면서 가사를 돌보는 야곱을 더 사랑하게 되었습니다. 특히 이삭이 에서를 더 사랑한 이유는 "이삭은 에서의 사냥한 고기를 좋아하므로 그를 사랑하고"(창 25:28) 기록되어 있습니다. 고기를 즐겼던 이삭은 하나님의 언약을 이어가는 축복을 마지막으로 에서에게 하고 싶었습니다. 그래서 에서에게 짐승을 사냥해서 맛있게 요리해오면 축복을 해주겠다고 약속합니다. 오래 전에 하나님께서 "큰 자가 어린 자를 섬기리라"는 말씀을 주셨기 때문에 하나님의 뜻은 명백합니다. 그럼에도 이삭은 자기가 좋아하는 에서를 축복하려고 합니다. 그러나 리브가와 야곱의 꾀에 속아 넘어간 이삭이 작은 아들 야곱을 큰 아들 에서로 착각하고 축복했습니다. 물론 리브가와 야곱의 이런 속임수는 잘못된 것입니다. 그러나 사람의 생각과 뜻대로 되지 않았습니다.

야곱이 축복을 가로챈 다음 에서가 돌아와 아버지 이삭에게 들어왔을 때에 성경은 "이삭이 심히 크게 떨며 가로되 그런즉 사냥한 고기를 내게 가져온 자가 누구냐 너 오기 전에 내가 다 먹고 그를 위하여 축복을 했은즉 그가 정녕 복을 받을 것이니라"(창 27:33) 말씀하고 있습니다. 이삭은 자기가 축복한 아들이 에서가 아니라, 야곱이라는 사실을 알고 심히 크게 떨었습니다. 이삭은 자신의 뜻을 포기하고 하나님의 뜻을 따르게 되는 커다란 교훈을 비로소 깨달았습니다. 그 후에 이삭이 그의 임종을 앞두고 야곱을 한 번 더 축복하는 시간을 갖습니다. "이삭이 야곱을 불러 그에게 축복하고 … 전능하신 하나님이 네게 복을 주어 너로 생육하고 번성케 하사 너로 여러 족속을 이루게 하시고 아브라함에게 허락하신 복을 네게 주시되 너와 함께 네 자손에게 주사 너로 하나님이 아브라함에게 주신 땅 곧 너의 우거하는 땅을 유업으로 받게 하시기를 원하노라"(창 28:1-4) 이번에는 자의에 의하여 정식으로 야곱을 축복했습니다. 그는 실패를 통해 하나님의 약속을 성취하기 위해서 반드시 하나님의 뜻을 신뢰하고 그대로 순종해야 한다는 사실을 확실히 깨달았기 때문입니다.

"이에 예수께서 제자들에게 이르시되 누구든지 나를 따라오려거든 자기를 부인하고 자기 십자가를 지고 나를 따를 것이니라"(마 16:24)

1. 내가 하나님의 약속의 말씀에 온전히 신뢰하지 못했던 이유는 무엇입니까?

2. 내가 하나님을 신뢰하고 순종할 때 주어진 어떤 유익은 무엇입니까?

3. 내가 하나님의 말씀을 신뢰하고 따를 때 가장 큰 장애는 무엇입니까?

함께 기도해요

믿음의 형제·자매에게 ＿＿＿＿＿＿＿＿＿＿＿＿＿＿＿＿＿＿＿＿＿＿＿＿

＿＿＿＿＿＿＿＿＿＿＿＿＿＿＿＿＿＿＿＿ 기도를 부탁합니다.

하나님만 신뢰하는 그리스도인

> **신뢰성**이란 어떤 대가를 치르더라도 하나님의 뜻을 행하기로 마음에 작정하는 것입니다.

베드로전서는 네로 황제의 박해가 시작되기 직전 사도 베드로가 소아시아에 흩어져 있던 성도들에게 쓴 편지입니다. 이 편지를 받는 성도들은 대부분 유대인이 아니라, 이제 막 예수님을 믿은 이방인들이었습니다. 당시 그리스도인들이 많은 숫자로 늘어나자 로마에 위협적인 존재라고 판단한 네로 황제는 그리스도인들에게 누명을 씌우고 박해하기 시작합니다. 그 대표적인 예로 로마 시내에 불을 지르고, 이 불을 그리스도인들이 방화했다고 뒤집어 씌웠습니다. 따라서 로마에 있는 그리스도인들은 많은 수난을 당하고 죽음의 위협을 느끼며 살았습니다.

베드로는 그의 서신에서 이렇게 많은 고난을 받는 성도들을 위로하면서

소그룹 인도 ─────

사도신경 : 다 같이 | 찬송 : 438장(통 495) | 기도 : 회원 중 | 본문말씀 : 벧전 1:3-7

새길말씀 : 벧전 1:7 | 헌금 찬송 : 384장(통 434) | 헌금 기도 : 회원 중 | 주기도문 : 다 같이

믿음으로 고난을 극복하기 위해서는 무엇보다도 예수님의 십자가와 부활의 신앙을 가져야 한다고 강조합니다. 비록 우리는 연약하지만 하나님을 전적으로 신뢰할 때, 하나님께서 함께 하심으로 그 어떤 고난도 능히 감당할 수 있음을 권면하고 있습니다.

고난 가운데서도 기쁨과 은혜의 삶을 살아가게 합니다

누가복음 24장, 엠마오로 가는 두 제자에 대한 이야기가 나옵니다. 그들은 예수님에 대한 믿음도 희망도 포기한 채 예루살렘으로부터 이십 오리 떨어진 엠마오라는 한 시골로 가고 있었습니다. 그들은 가는 도중에 부활하신 주님을 만났습니다. 그런데 놀라운 것은 그들이 부활하신 주님을 만남으로 인해 그들의 식어진 가슴에 다시 불이 붙은 것입니다. 식어버린 열정이 회복되었습니다. 완전히 절망하던 그들이 부활하신 예수님을 만난 후, 새로운 희망을 가지게 되었습니다. 그래서 그들이 떠나왔던 예루살렘으로 다시 돌아갔습니다. 그리고 남은 생애를 부활의 복음을 증거 하는 일을 위해 바쳤습니다.

부활하신 예수님에 대한 믿음은 절망을 소망으로 바꾸어 놓았습니다. 우리가 주님을 신뢰하는 길에는 십자가의 고난과 같은 많은 어려움과 역경이 따릅니다. 그러나 주님을 신뢰하는 믿음은 거기서 멈추지 않습니다. 십자가 뒤에는 반드시 부활의 영광이 있습니다. 부활의 기쁨과 하늘의 소망이 있습니다. 이것이 예수 그리스도를 신뢰하는 사람에게 주어지는 하나님의 은혜입니다.

"우리가 잠시 받는 환난의 경한 것이 지극히 크고 영원한 영광의 중한 것을 우리에게 이루게 함이니"(고후 4:17)

산 소망으로 정금 같은 믿음을 얻게 합니다

베드로는 예수 그리스도의 죽으심과 부활로 말미암아 '산 소망'(a living hope)을 가지게 되었다고 했습니다. 이 편지를 받는 사람들은 로마의 박해로 말미암아 많은 어려움을 겪고 있었습니다. 때로는 사자 밥이 되기도 하고, 군인들의 창에 찔려 죽기도 하고, 숨어 지내다 무서운 질병에 걸려 죽기도 했습니다. 이 땅에서 사는 그들에게는 더 이상 삶에 대한 소망이 사라진 상태였습니다. 어쩌면 자신들의 삶에 대해 거의 체념하고 있었는지도 모릅니다. 그런 그들에게 베드로는 예수님에 대한 진정한 신뢰가 '소망'을 갖게 한다고 강조했습니다. 그것도 그냥 '소망'이 아니라 '산 소망'이라고 고백하고 있습니다.

하나님께서 주시는 '산 소망'은 변함이 없는 하나님의 약속입니다. 하나님의 약속은 결코 취소되지 않습니다. 왜냐하면 우리가 하나님의 보호 아래에 있고, 하나님께서 직접 그 약속을 성취하시기 때문입니다. 여기서 '보호한다'라는 말은 군인들이 자신의 진지를 든든하게 지키는 것처럼 아주 밀착해서 그 사람을 지키는 것을 의미합니다. 세상에는 도둑이 있어 우리의 가진 것을 훔쳐가기도 합니다. 그러나 하나님이 우리에게 주신 '산 소망'은 영원히 잃어버리지 않습니다. 왜냐하면 하나님의 보호 아래 있기 때문입니다.

"이로 말미암아 내가 또 이 고난을 받되 부끄러워하지 아니함은 내가 믿는 자를 내가 알고 또한 내가 의탁한 것을 그 날까지 그가 능히 지키실 줄을 확신함이라"(딤후 1:12)

하나님의 보상이 있습니다

'산 소망'에 대한 확고한 신뢰는 우리에게 다가오는 시련도 능히 극복할 수 있게 합니다. 산 소망을 가진 사람은 세상을 거슬러 올라가기 때문에 여러 가지 시련을 겪을 수 있습니다. 그래서 "너희가 여러 가지 시험을 인하여 잠깐 근심하게 되지 않을 수는 없다"고 했습니다. 그러나 그 시련의 결국은 마지막 날에 우리 주님께서 우리에게 세 가지 은혜를 주신다고 약속했습니다. 첫째, 칭찬받습니다. 인생은 누군가에게 칭찬받는 것만으로도 영광입니다. 그런데 영원한 심판자이신 하나님께 칭찬을 받는다고 했습니다. 둘째, 영광을 얻습니다. 십자가를 지시고 온갖 멸시와 수욕을 받으셨던 주님이 영광의 면류관을 쓰신 것처럼, 주를 위해서 고난과 수치와 헌신을 감수하며 끝까지 신뢰하는 사람들에게 영광의 면류관으로 갚아 주십니다. 셋째, 존귀함을 받습니다.

주를 위해 당하는 고난을 기뻐하며 끝까지 신뢰하는 자에게 하나님은 이렇게 확실한 보상을 약속해 주십니다. "환난은 인내를, 인내는 연단을 연단은 소망을 이룬다"(롬 5:3-4)고 말씀하신 것처럼 하나님의 약속에 대한 신뢰는 칭찬과 영광과 존귀함을 소유한 거룩한 사람으로 만들어 갑니다.

"나는 선한 싸움을 싸우고 나의 달려갈 길을 마치고 믿음을 지켰으니 이제 후로는 나를 위하여 의의 면류관이 예비되었으므로 주 곧 의로우신 재판장이 그 날에 내게 주실 것이며 내게만 아니라 주의 나타나심을 사모하는 모든 자에게도니라"(딤후 4:7-8)

함께 나눠요

1. 오늘 내가 겪고 있는 믿음의 시련이나 시험은 무엇입니까?

2. 오늘 내가 겪고 있는 믿음의 시련이 나에게 주는 유익은 무엇입니까?

3. 예수 그리스도 안에 있는 산 소망은 나에게 어떤 도움과 힘을 줍니까?

함께 기도해요

믿음의 형제·자매에게 _____

_____ 기도를 부탁합니다.

하나님만을 절대 신뢰함

신뢰성이란 어떤 대가를 치르더라도 하나님의 뜻을 행하기로
마음에 작정하는 것입니다.

요단강에서 세례요한으로부터 세례 받으신 예수님께서 제일 먼저 행하신
일은 성령의 이끄심을 따라 광야로 가셔서 마귀에게 시험받으신 사건입니다.
그런데 왜 예수님은 공생애를 시작하시기 전에 마귀에게 시험받으셔야 했
습니까? 예수님이 마귀에게 시험받으신 것은 하나님의 뜻을 절대 신뢰하는
'여호와의 아들'(마 3:17; 사 42:1)이심을 확증하기 위함이셨습니다.

하나님을 신뢰한 예수님께서 사단의 시험을 넉넉히 이기셨던 것처럼 우리
도 예수 그리스도 안에서 어떠한 시험이 다가와도 하나님의 말씀으로 넉넉히
시험을 이길 수 있다는 것을 친히 가르쳐 주셨습니다.

소그룹 인도 ───────────────────────────────

사도신경 : 다 같이 ┃ 찬송 : 288장(통 204) ┃ 기도 : 회원 중 ┃ 본문말씀 : 마 4:1-11

새길말씀 : 마 4:10 ┃ 헌금 찬송 : 406장(통 464) ┃ 헌금 기도 : 회원 중 ┃ 주기도문 : 다 같이

하나님의 말씀을 절대 신뢰하셨습니다

마귀의 첫 번째 시험은 돌들로 떡덩이가 되게 하라는 것입니다. 40일 간 금식하며 굶주리신 예수님께 만일 하나님의 아들이라면 돌로 떡덩이가 되게 해보라고 함으로 인간의 육체적인 한계 상황을 자극하는 시험이었습니다. 오병이어의 기적을 통해서 알 수 있듯이 예수님께는 그렇게 행하실수 있는 충분한 능력이 있으셨습니다. 그러나 예수님은 자신의 굶주림을 채우기 위해서 돌로 떡을 만드는 하나님의 능력을 사용하시지 않으셨습니다. 오히려 말씀으로 시험을 이기셨습니다(신 8:3). "사람이 떡으로만 살 것이 아니요 하나님의 입으로부터 나오는 모든 말씀으로 살 것이라"고 대답하심으로써 마귀의 시험을 물리치셨습니다.

아담과 하와는 하나님의 말씀을 믿지 못하게 하는 마귀의 유혹에 빠져 하나님을 신뢰하지 못하고 불순종함으로써 하나님의 나라를 상실했지만, 예수님은 철저히 하나님의 말씀을 신뢰하는 태도를 통하여 하나님의 나라를 다시 회복시켜 주실 것을 보여주셨습니다.

> "하나님의 말씀은 살아 있고 활력이 있어 좌우에 날선 어떤 검보다도 예리하여 혼과 영과 및 관절과 골수를 찔러 쪼개기까지 하며 또 마음의 생각과 뜻을 판단하나니"(히 4:12)

시험 앞에 절대 흔들리지 않으셨습니다

마귀의 두 번째 시험은 예수님을 성전 꼭대기에서 세우고 "네가 만일 하나님의 아들이거든 뛰어내리라"고 말함으로 하나님의 말씀을 또다시 의심하게 만들려는 의도였습니다. "네가 만일 하나님의 아들이라면 하나님께서 너를 위하여 그의 사자들을 명하셔서 그들이 손으로 너를 받들어 발이 돌에 부딪치지 않게 하실 것이라 하지 않았느냐." 정말인지 아닌지 한번 뛰어 내려 보라는 시험입니다. 이것은 예수님으로 하여금 수많은 사람들 앞에서 기적을 행하여 자신을 과시하고 하나님의 말씀을 잘못 인용하여 하나님을 시험하게 만드는 유혹이었습니다.

예수님은 그것을 아시고 "기록되었으되 주 너의 하나님을 시험하지 말라 했느니라"(7절) 말씀하시면서 단호히 물리치셨습니다. 하나님은 시험할 대상이 아니라 믿고 신뢰해야 할 대상입니다. 마귀는 오늘날도 틈만 있으면 끊임없이 찾아와 불신을 심습니다. 우리 믿음의 내용은 하나님과 그분의 말씀입니다. 하나님을 절대 신뢰할 때 어떤 시험이 와도 흔들리지 않고 승리할 수 있습니다.

"사랑하는 자들아 너희를 연단하려고 오는 불 시험을 이상한 일 당하는 것 같이 이상히 여기지 말고 오히려 너희가 그리스도의 고난에 참여하는 것으로 즐거워하라 이는 그의 영광을 나타내실 때에 너희로 즐거워하고 기뻐하게 하려 함이라"(벧전 4:12-14)

신뢰함으로 하나님께 영광돌리셨습니다

마귀는 마지막으로 예수님을 높은 산으로 데리고 가서 천하만국과 그 영광을 보여 주며 자신에게 엎드려 경배하면 이 모든 것을 준다고 대담하고 노골적으로 유혹합니다. 천하만국과 그 영광이라는 미끼로 유혹하여 마귀의 종이 되라는 시험이었습니다. 이에 대해 예수님은 "사탄아 물러가라 기록되었으되 주 너의 하나님께 경배하고 다만 그를 섬기라 했느니라"(10절) 대답하심으로 마귀의 시험을 물리치셨습니다.

유혹을 물리칠 수 있는 방법은 하나님만 섬기는 것입니다. 하나님만 예배하는 것입니다. 하나님께 대한 절대 신뢰입니다. 천지만물을 창조하시고 다스리시는 하나님을 믿고 섬기기에 어떤 상황 속에서도 흔들리지 않습니다. 하나님께 경배하고 다만 하나님만 섬길 때 마귀가 떠나고 천사가 나아와서 수종들었다고 했습니다. 우리가 세상을 사는 동안 사탄은 끊임없이 시험해

올 것입니다. 그 때마다 예수님처럼 하나님과 그분의 말씀을 전적으로 신뢰할 때 영적전쟁에서 승리하고 하나님께 영광을 돌릴 수 있습니다.

"왕이여 우리가 섬기는 하나님이 계시다면 우리를 맹렬히 타는 풀무불 가운데에서 능히 건져내시겠고 왕의 손에서도 건져내시리이다 그렇게 하지 아니하실지라도 왕이여 우리가 왕의 신들을 섬기지도 아니하고 왕이 세우신 금 신상에게 절하지도 아니할 줄을 아옵소서"(단 3:17-18)

함께 나눠요

1. 나에게 하나님은 어떤 분이십니까?

2. 나도 시험을 극복한 경험이 있습니까? 어떻게 그 시험을 이길 수 있었습니까?

3. 하나님보다 더 신뢰하는 것은 다 우상입니다. 나에게 하나님보다
   더 신뢰하는 대상이 있습니까?

함께 기도해요

믿음의 형제·자매에게 _____

_____ 기도를 부탁합니다.

하나님의 명령에 대한 충성

충성은 오래도록 헌신적으로 서로를 지원하고 옹호하기로
약속한 개인들의 결속입니다.

여호수아는 열 두 명의 가나안 정탐꾼 가운데 한 사람으로 선발되었습니다. 그는 다른 사람들과 같이 동행하여 가나안 땅을 정탐하고 돌아왔습니다. 열 두 정탐꾼 중 열 명은 부정적이고 불신앙적인 보고를 합니다. 그러나 여호수아와 갈렙은 눈에 보이는 현상 그 자체만을 보지 않고, 그 배후에서 역사하시는 하나님의 손길을 바라보며 믿음의 보고를 합니다. 훗날 여호수아는 모세가 죽은 후에 새로운 지도자로 세움 받아 이스라엘 백성을 이끌고 가나안 땅을 정복하는 영광을 허락받습니다.

그는 하나님께 충성된 종으로서 모세를 통하여 주신 말씀들을 모두 순종했습니다. 그리고 그의 마지막 죽음 앞에서 "오직 나와 내 집은 여호와만을

소그룹 인도

사도신경 : 다 같이 | 찬송 : 595장(통 372) | 기도 : 회원 중 | 본문말씀 : 수 11:16-23
새길말씀 : 수 14:9 | 헌금 찬송 : 333장(통 381) | 헌금 기도 : 회원 중 | 주기도문 : 다 같이

섬기겠노라"는 충성된 고백을 했습니다. 이처럼 변함없이 흔들리지 않는 여호수아의 삶은 충성이었고 이것은 바로 그의 믿음의 증거였습니다.

하나님의 명령을 그대로 믿고 순종했습니다

여호수아는 모세를 통해 주신 명령, 즉 가나안 땅에 들어가면 모든 우상들과 제단, 가나안 거민들을 완전히 멸하라고 하신 명령들을 하나도 가감하지 않고 그대로 믿고 순종했습니다. 그것은 가나안 땅에 대한 하나님의 약속을 온전히 믿었기 때문입니다. 창조주이시며 구원자이신 하나님께 대한 그의 절대 신뢰는 하나님의 말씀을 조금도 의심하지 않는 것이었습니다. 그의 충성은 하나님의 말씀을 듣고 순종하면 하나님께서 함께 하심으로 하나님의 뜻을 이룰 수 있다고 믿고 나아가는 것입니다.

이렇게 충성할 수 있었던 것은 하나님과 그분의 말씀에 대한 믿음이 있었기 때문입니다. 우리가 예배시간에 설교를 통해서 하나님의 명령을 듣기도 하고, 또 기도를 하거나 성경을 읽다가 하나님의 뜻을 깨달았을 때, 그 말씀을 그대로 믿고 순종하는 것이 바로 충성입니다. 이러한 충성은 하나님의 말씀에 대한 순종으로 나타납니다.

"그 주인이 이르되 잘하였도다 착하고 충성된 종아 네가 적은 일에 충성하였으매 내가 많은 것을 네게 맡기리니 네 주인의 즐거움에 참여할지어다 하고" (마 25:21)

하나님의 약속을 성취했습니다

23절 "이와 같이 여호수아가 여호와께서 모세에게 이르신 말씀대로 그 온 땅을 취하여 이스라엘 지파의 구별을 따라 기업으로 주었더라. 그 땅에 전쟁이 그쳤더라"고 했습니다. 믿음으로 순종하면 반드시 하나님의 약속이 성취됩니다. 여호수아의 군대는 먼저 하나님의 명령을 들었습니다. 그 명령에는 하나님의 약속이 담겨 있었습니다. 그러므로 여호수아는 그 말씀을 그대로 믿고 순종했습니다. 가나안 땅을 정복하는 일은 목숨을 걸고 싸우는 전쟁이었지만 조금도 의심하지 않고, 하나님을 믿고 그 말씀에 온전히 충성했습니다.

무려 5년이나 걸리는 정복전쟁이었지만 조금도 주저하거나 멈추지 않았습니다. 하나님의 말씀을 듣고 그 말씀대로 순종했습니다. 그때 하나님께서는 약속하신 대로 이스라엘을 위하여 싸우셨습니다. 따라서 여호수아에게는 실패가 있을 수 없었습니다. 하나님의 명령에 대한 여호수아의 충성은 하나님을 믿는 믿음에서 출발했습니다. 이렇게 하나님을 믿고 충성한 여호수아는 하나님께서 약속하셨던 가나안 땅을 정복할 수 있었습니다. 그리고 정복한 가나안 땅을 각 지파의 분량에 따라 기업으로 나누어 줄 수 있었습니다. 하나님의 명령을 믿고 순종하는 곳에는 놀라운 하나님의 약속이 이루어집니다. 충성은 여호수아와 같이 하나님을 믿는 믿음으로 하나님의 말씀을 잘 듣고, 변함없이 헌신적으로 지원하고 옹호하고 순종하게 합니다.

함께 나눠요

1. 나는 하나님의 말씀이 내 생각과 다를 때 어떻게 반응하면 좋겠습니까?

2. 나는 내 자녀나 주변 사람들에게 어떻게 충성의 본을 보일 수 있겠습니까?

3. 내가 지금까지 교회 안에서 충성한 것이 있다면 어떤 일입니까?

함께 기도해요

믿음의 형제·자매에게 ＿＿＿＿＿＿＿＿＿＿＿＿＿＿＿＿

＿＿＿＿＿＿＿＿＿＿＿＿＿＿＿＿ 기도를 부탁합니다.

충성된 사람에게 주신 복

충성은 오래도록 헌신적으로 서로를 지원하고 옹호하기로
약속한 개인들의 결속입니다.

야곱은 아버지 이삭과 형 에서를 속이고 축복 기도를 받았습니다. 이일로 말미암아 야곱은 형 에서로부터 원한을 사게 되었으며, 형의 보복이 두려워 어머니의 요청대로 밧단 아람에 있는 외갓집으로 피신했습니다. 고향을 떠난 지 약 20년이 지난 어느 날 하나님께서 꿈에 야곱에게 나타나셔서 고향으로 돌아갈 것을 지시하셨습니다. 야곱은 그의 아내들을 불러 꿈 이야기를 했고, 그 결과 아내들은 전적으로 찬성했습니다. 야곱은 외삼촌에게 알리지도 않고 도주하듯 밧단 아람을 떠났습니다.

야곱이 떠난 지 3일 후에 라반은 그 사실을 알고 야곱을 추격했습니다. 추격한지 7일 만에 야곱을 만나게 되었는데, 그 전날 밤 라반의 꿈에 하나님이

소그룹 인도

사도신경 : 다 같이 | 찬송 : 595장(통 372) | 기도 : 회원 중 | 본문말씀 : 창 31:38-42
새길말씀 : 창 31:41-42 | 헌금 찬송 : 288장(통 204) | 헌금 기도 : 회원 중 | 주기도문 : 다 같이

나타나셔서 야곱에게 함부로 말하지 않도록 경고를 하셨습니다. 그리고 난후에 야곱과 그의 외삼촌 라반이 만나서 나눈 대화를 보면 우리에게 많은 것을 생각하게 하고, 많은 것들을 교훈하고 있습니다. 야곱은 그동안 외삼촌 라반의 집에서 충성을 다하였습니다. 충성은 오래도록 헌신적으로 서로를 지원하고 옹호하기로 약속한 개인의 결속입니다.

많은 고난을 겪지만 충성했습니다

야곱은 밧단 아람에 있는 외삼촌 라반의 집으로 향하던 중 벧엘에서 노숙하게 되었습니다. 그곳에서 야곱은 하나님을 만납니다. 누군가의 도움이 절실하게 필요했던 시기에 맞춰 하나님은 야곱을 만나주셨습니다. 야곱은 그 자리에서 "여호와만이 나의 하나님이 되실 것이고, 이곳이 하나님의 집이 될 것이며, 소득의 십일조를 반드시 드리겠다"(28:21-22)고 서원했습니다. 야곱은 삼촌 라반의 집에 도착하여 라헬과 결혼하는 조건으로 7년 간 노동력을 제공하기로 하였습니다. 그렇게 7년이 지났을 때 삼촌 라반은 라헬 대신 큰딸 레아를 주었습니다. 라반은 그 지방의 풍습은 형보다 아우를 먼저 보내지 않는다는 핑계를 대며 라헬을 위해 7년 간 더 일할 것을 요구했습니다. 야곱은 라헬을 사랑하였기에 그의 제안을 받아들여 라헬을 아내로 맞이하고 7년을 더 봉사하였습니다(29:30).

외삼촌 라반은 힘이 없는 야곱을 여러 번 속였습니다. 그럼에도 불구하고 하나님께서 약속하신 대로 야곱을 축복하여 부자가 되게 하셨습니다. 그러자 라반의 아들들은 야곱이 속임수를 써서 자기 아버지의 양떼를 빼돌렸다고 모함하였습니다. 야곱은 이러한 어려움을 있을 때마다 하나님을 더욱 의지하게 되었고, 영적으로 성숙하는 계기가 되었습니다. 하나님께 충성한 야곱은 억울한 일을 당해도 참았습니다. 속임을 당해도 보복하지 않았습니다. 모함하는 말을 들어도 화내지 않았습니다. 이는 야곱 자신에게 일어나는 모든 일들은 하나님의 뜻 안에 있음을 믿었기에 흔들리지 않고 주어진 일에 충성을 다할 수 있었습니다.

"죄가 있어 매를 맞고 참으면 무슨 칭찬이 있으리요 그러나 선을 행함으로 고난을 받고 참으면 이는 하나님 앞에 아름다우니라"(벧전 2:20)

맡은 일에 충성을 다했습니다

야곱은 외삼촌 라반의 집에서 힘을 다하여 섬겼습니다(창 31:6). 그는 20년간 얼마나 충성스럽게 외삼촌의 가축들을 돌보았는지 가축들의 낙태가 없었습니다. 당시 암양은 털과 고기를 비롯하여 젖과 새끼를 얻을 수 있었기에 수양보다 더 귀하게 여겨졌었는데 야곱은 암양보다 가치가 적었던 수양조차도 라반의 소유를 잡아먹지 않았습니다. 간혹 가축이 야생동물에게 찢기는 일이 있을 때나 도둑맞았을 때도 자기 것으로 보충했습니다. 야곱은 라반의 양떼를 돌보기 위하여 그 뜨거운 폭염도 아랑곳하지 않고 일했습니다. 그는 밤의 극심한 추위도 개의치 않았습니다. 하나님의 약속을 온전히 신뢰하였던 야곱은 누가 보든지 그렇지 않든지 간에 자기에게 맡겨진 일에 충성을 다했습니다.

충성된 사람은 눈가림으로 일하지 않습니다. 남에게 해를 끼치지 않습니다. 당시 밧단 아람의 환경은 야곱으로 하여금 하나님을 더 신뢰하고 변함없이 충성되이 섬김으로 성공적인 유목민으로 살아갈 수 있는 능력과 태도를 길러주는 계기가 되었습니다.

"이에 총리들과 고관들이 국사에 대하여 다니엘을 고발할 근거를 찾고자 했으나 아무 근거, 아무 허물도 찾지 못했으니 이는 그가 충성되어 아무 그릇됨도 없고 아무 허물도 없음이었더라"(단 6:4)

고난을 축복으로 바꾸어 주셨습니다

밧단 아람에서 야곱은 여러 가지 어려움을 겪으면서도 하나님을 향한 신앙이 성장했고, 또 물질적으로 축복을 받는 기회도 얻었습니다. 라반은 야곱을 속여 품삯을 열 번이나 변경하며 속였지만 하나님은 언제나 야곱과 함께 하셔서 그를 도와주셨습니다(창 30:42-43, 31:7). 하나님은 가장 적당한 때에 야곱에게 고향으로 돌아가라고 지시하셨습니다(창 31:13).

20년 전 하나님께서 벧엘에서 그에게 약속하신 것처럼(창 28:13-15) 밧단 아람에서 자손의 번성과 물질의 축복을 얻게 하신 후 가나안 땅으로 돌아가라고 하셨습니다. 더 나아가 하나님은 라반이 야곱을 추격하여 그 일행을 공격하려 했던 전날 밤에 라반의 꿈에 나타나 야곱을 해치지 못하게 하셨습니다. 하나님은 이처럼 충성된 사람에게 함께 하실 뿐만 아니라 물질의 복을 주시고, 가는 길을 지켜주시고, 미래를 보장해 주십니다.

"고난당한 것이 내게 유익이라 이로 말미암아 내가 주의 율례들을 배우게 되었나이다"(시 119:71)

함께 나눠요

1. 예상하지 않았던 고난이 다가올 때 나는 어떤 반응을 보입니까?

2. 자신이 맡은 일(교회, 가정, 직장, 사업, 학업 등)에 충실하지 못하는 이유는 무엇이며, 그것을 어떻게 극복해야 할까요.

3. 나는 지난 날 하나님께 어떻게 충성할 것을 다짐했습니까?

함께 기도해요

믿음의 형제·자매에게 _____

_____ 기도를 부탁합니다.

상식을 뛰어넘는 충성

충성은 오래도록 헌신적으로 서로를 지원하고 옹호하기로
약속한 개인들의 결속입니다.

예수님께서는 십자가를 지기 위하여 예루살렘성에 들어가시기 전, 제자들에게 맞은 편 마을에 가서 매여 있는 나귀와 나귀 새끼를 끌고 오라고 말씀하셨습니다. 두 제자는 예수님의 말씀대로 나귀와 나귀 새끼를 끌고 왔습니다. 예수님은 그 나귀를 타시고 예루살렘으로 들어가셨습니다. 그때 사람들은 손에 나뭇가지를 흔들고 예수님을 뒤따라가면서 '호산나, 다윗의 자손으로 오시는 이여' 하며 찬송을 불렀습니다. 이렇게 환호를 받으시며 입성하시는 예수님에 대해서 당시 유대의 종교 지도자였던 제사장들과 바리새인들과 사두개인들은 못마땅하게 여기고 예수님을 죽이려고 공모를 했습니다.

예수님은 이미 제자들에게 세 번씩이나 십자가의 죽음을 예고하시면서 묵

소그룹 인도

사도신경 : 다 같이 | 찬송 : 310장(통410) | 기도 : 회원 중 | 본문말씀 : 마 21:1-11
새길말씀 : 마 21:3 | 헌금 찬송 : 324장(통 360) | 헌금 기도 : 회원 중 | 주기도문 : 다 같이

묵히 그 길을 걸어가셨습니다. 예수님은 자신의 탄생, 사역, 죽음 그리고 부활이 모두 하나님의 정하신 뜻 안에서 이루어지고 있음을 아시고 마지막까지 하나님의 뜻 앞에 온전히 충성하셨습니다.

나귀를 끌고 오라고 하셨습니다

예수님은 두 제자를 불러서 맞은편 마을로 가라고 하셨습니다. 그리고 그곳에 가면 나귀와 나귀새끼를 보게 될 것인데 풀어서 끌고 오라고 하셨습니다. 예수님이 이와 같이 하심은 첫째는 자신의 전지하신 신성을 드러내어 제자들로 하여금 자신의 신분을 명확하게 깨닫게 해 주시기 위함이었습니다. 둘째, 나귀를 타고 입성하시므로 선지자의 예언을 성취하시기 위함이었습니다(슥 9:9). 셋째, 메시아 신분을 모든 사람들에게 공식적으로 드러내시기 위함이었습니다.

나귀를 끌고 오라는 지시를 받은 두 제자는 당황했을 것입니다. 미리 약속하신 것도 아닌데 무조건 끌고 오라고 하셨기 때문입니다. 예수님께서 제자들에게 나귀를 끌고 올 때 "왜 남의 나귀를 허락도 없이 끌고 가느냐"고 말하면 "주가 쓰시겠다"하면 즉시 허락할 것이라고 말씀하셨습니다. 제자들은 예수님의 말씀을 믿고 그대로 순종했을 때, 주인이 그대로 허락해 주었습니다. 예수님께서 자신도 위험을 무릅쓰고 하나님의 말씀에 순종하시는 것처럼 제자들도 말씀대로 순종하길 원하셨습니다. 충성은 내 생각과 다르다 할지라도 믿고 그대로 순종하게 합니다.

"충성된 사자는 그를 보낸 이에게 마치 추수하는 날에 얼음냉수 같아서 능히 그 주인의 마음을 시원하게 하느니라"(잠 25:13)

나귀를 타고 예루살렘에 들어가셨습니다

예수님이 나귀를 타고 예루살렘으로 가신 것은 이사야와 스가랴 선지자를 통하여 하나님의 말씀을 이루고자 함이었습니다(사 62:11, 슥 9:9). 두 제자들이 끌고 온 나귀를 타시고 예루살렘으로 올라가셨습니다. 예수님이 이처럼 나귀를 타고 예루살렘으로 가시는 데에는 두 가지 이유 때문이었습니다. 첫째는 이스라엘 사람들이 예수님을 배척했지만 자신이 영원한 '왕' 이심을 보이고자 함이요, 둘째는 세상의 왕처럼 군림하는 왕이 아니라 '섬기는 왕' 이심을 보이시기 위함이었습니다. 그리고 예수님은 십자가에서 죽기까지 복종하시면서 하나님의 말씀에 순종했습니다. 이것이 바로 예수님이 보여주신 충성입니다. 충성은 자기 생각과 다르다 할지라도 말씀에 순종하는 성품입니다. 충성은 억울한 일을 당해도 말씀대로 순종하는 것입니다. 충성은 내가 큰 희생을 치른다 할지라도 하나님의 뜻에 순종하는 것입니다.

"무리와 제자들을 불러 이르시되 누구든지 나를 따라오려거든 자기를 부인하고 자기 십자가를 지고 나를 따를 것이니라"(막 8:34)

끝까지 충성을 다하셨습니다

예수님은 나귀를 타시고 예루살렘으로 올라가심으로써 하나님의 말씀에 순종했습니다. 많은 무리들이 뒤쫓아 가면서 나귀를 타신 예수님을 찬양했습니다. 그들은 자신들의 겉옷을 벗어 길에 펴고 예수님께서 밟고 가게 했습니다. 종려나무 가지를 베어 길에 펴서 환영했습니다. 예수님 당시에 전쟁에 나갔던 장군이 승리하고 돌아올 때 백성들은 종려나무 가지를 들고서 대대적으로 환영했습니다. 그래서 이 나무는 승리를 상징합니다. 백성들은 기쁨으로 나귀를 타신 예수님을 뒤따르며 찬양했습니다. 그들은 "호산나 다윗의 자손이여, 찬송하리로다 주의 이름으로 오시는 이여, 가장 높은 곳에서 호산나!"라고 찬양했습니다. '호산나 다윗의 자손이여!' 는 '오 구원하소서 메시아여!' 라는 뜻입니다. 이 말은 예수님을 메시아로 인정한다는 의미이기도 합니다.

이처럼 예수님을 향해 많은 사람들이 환호했지만 결국 그들은 한 수간도 지나기 전에 예수님을 십자가에 못 박아야 한다고 소동을 부렸습니다(눅

23:18-23). 아마 당시의 유대 백성들은 수많은 이적을 행하신 예수님께서 메시아로서 로마 제국으로부터 자신들을 해방시켜 줄 것으로 기대했습니다. 그래서 열렬한 환호를 보냈지만 자신들의 기대가 무산되자 극도의 분노를 표출한 것 같습니다. 하지만 성도는 자신의 세속적 야망이 달성되지 않는다고 해서 주님께 대한 믿음을 포기하거나 충성을 중단하는 태도를 지녀서는 안 됩니다. 예수님은 마지막까지 충성을 다하시고 마침내 십자가를 지심으로 인류의 구원을 완성하셨습니다. 이처럼 끝까지 충성하는 자를 하나님께서 인정해주시고 때로 힘들고 어려운 일을 당해도 그 고난을 영광으로 바꾸어 주십니다.

> "사람의 모양으로 나타나사 자기를 낮추시고 죽기까지 복종하셨으니 곧 십자가에 죽으심이라 이러므로 하나님이 그를 지극히 높여 모든 이름 위에 뛰어난 이름을 주사 하늘에 있는 자들과 땅에 있는 자들과 땅 아래에 있는 자들로 모든 무릎을 예수의 이름에 꿇게 하시고 모든 입으로 예수 그리스도를 주라 시인하여 하나님 아버지께 영광을 돌리게 하셨느니라"(빌 2:8-11)

함께 나눠요

1. 두 제자에게 말씀하신 것처럼 내게 말씀이 주어진다면 어떻게 하겠습니까?

2. 가정이나 교회에서 맡겨진 일을 어떻게 감당하는 것이 충성의 성품에 맞다고 생각합니까?

3. 내 생각과 하나님의 뜻(말씀)이 다를 때 어떻게 결정하고 있습니까?

함께 기도해요

믿음의 형제·자매에게 _____

_____ 기도를 부탁합니다.

하나님이 기대하시는 온유의 삶

온유는 하나님께서 우리를 통해 평안과 능력을 나타내시도록
우리의 권리를 하나님께 드리는 것입니다.

사람들은 이 시대를 가리켜서 경쟁시대라고 말합니다. 누가 더 힘이 강한가에 따라서 입지가 달라지고 위치가 달라집니다. 그래서 사람들은 저마다 강해지려고 애를 쓰며 살아갑니다. 세상은 악착같이 이기며 살아야 성공한다고 가르칩니다. 반면에 하나님의 생각은 사람의 생각과 다른 점이 많습니다. 성경은 오히려 온유해야 성공한다고 말씀합니다. 성경에서 말하는 온유한 사람은 연약하거나, 감정적으로 여린 사람을 말하는 것이 아닙니다. 많은 사람은 온유하다는 말을 유약하다는 의미로 받아들이거나 또는 줏대가 없는 것이라고도 생각하지만, '온유'란 말의 헬라어 원어가 가지고 있는 의미는 '통제된 힘', 또는 '길들다'입니다. 하나님께 길든 것을 말합니다.

소그룹 인도

사도신경 : 다 같이 | 찬송 : 369장(통 487) | 기도 : 회원 중 | 본문말씀 : 창 26:12-22
새길말씀 : 창 26:22 | 헌금 찬송 : 424장(통 216) | 헌금 기도 : 회원 중 | 주기도문 : 다 같이

그러므로 온유란 내가 가지고 있는 권리나 힘을 사용하지 않고 섬기는 마음으로 내가 주장할 권리를 양보하고 다른 사람의 말을 듣고 그들의 생각을 이해하는 성품을 의미합니다.

온유 예화

　미국의 16대 대통령 아브라함 링컨은 흑인 노예를 해방시킨 유명한 대통령입니다. 그는 많은 친구들이 있었으나 또한 정적들도 많았습니다. 특별히 '스탠톤'이라는 정치인은 링컨을 조롱하고 비난하는데 앞장섰던 사람입니다. 그는 링컨을 "교활한 어릿광대"라고 했습니다. 그리고 "여러분 고릴라를 보시려면 아프리카까지 갈 필요가 없습니다. 저 일리노이에 스프링필드에 가면 멋진 고릴라를 볼 수 있습니다" 하면서 공식 연설석상에서 링컨을 향해 '오리지날 고릴라'라고 조롱했습니다. 그런데 링컨이 대통령이 되고 난 후 내각의 장관들을 임명하는데 국방부 장관에 그 스탠톤을 지명했습니다. '어떻게 그럴 수 있느냐' 난리가 났습니다. 그러자 링컨은 말하기를 "그는 나를 싫어했으나 국방부 장관에는 그 사람이 적임자입니다" 라고 했답니다. 그 후 링컨이 총에 맞아 죽었을 때 스텐톤은 장례식장에서 눈물을 흘리며 말했습니다. "여기 세계가 지켜보았던 사람 중에 가장 위대한 지도자가 잠들었노라"

우리를 향하신 하나님의 마음을 알 수 있습니다

이삭은 하나님께서 복을 주시므로 거부가 되었는데, 그 모습을 지켜본 블레셋 사람들이 시기했습니다. 그들은 야곱이 어렵게 파놓은 우물을 흙으로 메웠습니다.　이삭은 그들과 다투지 않았습니다.　우물을 양보하고 그곳을 떠나 그랄 골짜기에서 다시 우물을 팝니다. 그것도 세 번씩이나 똑같은 사건이 반복됨에도 모든 대응 없이 묵묵히 충돌을 피해서 다른 곳으로 갑니다. 이스라엘의 지형상 우물을 파는 일이 결코 쉬운 일이 아닌데도 빼앗아 가면 다른 곳에 또 팔지언정 함께 싸우지 않았습니다. 땀 흘리고 고생하여 얻은 우물도 미련 없이 버리고 갔습니다.

창세기 26장 22절 말씀을 보면, "이삭이 거기서 옮겨 다른 우물을 팠더니 그들이 다투지 아니하였으므로 그 이름을 르호봇"이라고 했습니다. 이삭은 세 번째 판 우물에서야 비로소 넓은 땅을 얻고 안정을 찾게 됩니다. 아무리 부당한 일을 당했어도 다투지 않았습니다. 요즘 사람의 눈으로 볼 때 이삭은 무능하고 겁쟁이 같아 보일 수도 있습니다. 그런데 이것이 우리의 생각과 다른 점입니다. 하나님은 하나님의 백성에게 거는 기대가 있는데, 그것은 하나님의 능력을 받아 많은 사람에게 감동을 주는 삶을 사는 것입니다. 하나님이 기대하시는 사람은 이삭처럼 화평하게 하려고 내가 마땅히 누릴 권리를 포기하는 온유한 사람입니다. 온유는 통제된 능력이고 힘입니다. 결국, 나중에 그들은 사과하고 화평을 청합니다.

"그러므로 너희는 하나님이 택하사 거룩하고 사랑받는 자처럼 긍휼과 자비와 겸손과 온유와 오래 참음을 옷 입고…"(골 3:12)

감사를 만들어 내고, 인내의 덕을 보여줍니다

사람이 자기 재산을 지키기 위해서 싸울 때는 싸우고, 따져야 할 때는 따져야 하는데 이삭은 말없이 내주고는 옮겨갑니다. 고생해서 파 놓은 우물인데도 그냥 버리고 슬그머니 떠나 버립니다. 어떻게 보면 바보스럽고 무능해 보입니다. 그렇지만 이삭은 먼저 팠던 두 우물을 모두 양보하고 세 번째 우물을 팠습니다. 그곳에서는 다툼이 없었습니다. 그래서 르호봇이라고 이름을 지었습니다. 르호봇은 '넓은 공간', '넓은 땅'이란 의미입니다. 그곳에서 이삭은 "여호와께서 우리를 위하여 넓게 하셨으니"(22절)라고 말하며 하나님께 감사합니다. 그의 온유한 성품이 감사를 만들었습니다.

또한, 이삭의 온유한 성품은 양보와 인내의 덕을 보여주었습니다. 자기만 생각하는 사람은 언제나 자기중심적이고 이기적입니다. 자기만 아는 사람은 양보하는 마음이 없기에 다툼의 사람이 될 수밖에 없습니다. 온유한 마음은 겸손하며 쉽게 화를 내지 않으며 보복하지 않는 마음입니다. 불신자들이 유독 그리스도인의 실수에 대해서 관용하지 못하고 비판적인 것은 기독교에 대한 기대가 크기 때문이라고 할 수 있습니다. 그것은 그리스도를 믿는 우리에게 거시는 하나님의 기대이기도 합니다.

온유한 사람이 되려면 자신보다 남을 먼저 배려하는 마음과 양보의 훈련이 필요합니다. 상대방을 존중하며, 배려할 줄 아는 사람이 온유한 사람이고 아름다운 그리스도인입니다.

"나는 마음이 온유하고 겸손하니 나의 멍에를 메고 내게 배우라 그리하면 너희 마음이 쉼을 얻으리니"(마 11:29)

함께 나눠요

1. 하나님이 기대하시는 사람은 어떤 사람인가요?

2. 부당한 일을 당할 때 어떻게 대처했나요?

3. 온유한 사람이 되려면 어떤 훈련이 필요할까요?

함께 기도해요

믿음의 형제·자매에게 _____

_____ 기도를 부탁합니다.

행복의 본질 온유

온유는 하나님께서 우리를 통해 평안과 능력을 나타내시도록
우리의 권리를 하나님께 드리는 것입니다.

예수님의 행복론은 세상의 행복론과는 전혀 다릅니다. 세상의 행복론은 육신적이고 물질적이며 현세적입니다. 육신을 위해 안락한 환경 조건만 갖추면 행복하다고 말합니다. 물론 우리가 육신을 갖고 살기에 이런 것들도 필요합니다. 그러나 인간은 더 깊은 영혼을 갖고 있기에 그런 것만으로는 결코 행복할 수 없습니다.

잠언 4장 23절 말씀을 보면 "모든 지킬 만한 것 중에 네 마음을 지키라 생명의 근원이 이에서 남이니라"고 했습니다. 따라서 정말 중요한 것은 우리 영혼의 모습, 즉 마음의 자세입니다. 이런 이치를 모르면 예수님의 팔복 말씀은 한결같이 이상하게 생각됩니다.

소그룹 인도

사도신경 : 다 같이 | 찬송 : 288장(통 204) | 기도 : 회원 중 | 본문말씀 : 마 5:1-5
새길말씀 : 마 5:5 | 헌금 찬송 : 536장(통 326) | 헌금 기도 : 회원 중 | 주기도문 : 다 같이

복이 있다는 헬라어 단어가 '마카리오스' 인데, 이것은 즐거움이라고 하는 뜻이 내포되어 있습니다. 진정한 복은 즐거움을 가져다주기 때문입니다. 특히 이 행복은 하나님이 주시는 것이지 인간이 만들어 내는 것이 아니라고 말씀하십니다. 예수님께서는 산상수훈에서 팔복을 말씀하시면서 제자들에게 '온유한 자는 복이 있나니 저희가 땅을 기업으로 받을 것임이요' 라고 말씀하셨습니다. 온유는 하나님의 뜻에 따라 통제된 힘으로 하나님의 말씀에 길들었다는 의미입니다.

인간의 타락으로 온유를 상실했습니다

본래 사람은 온유하게 지음을 받았습니다. 하나님이 천지를 창조하셨을 때에 자연 만물은 순하게 창조되었습니다. 아담은 온유한 사람(gentleman)이었고, 하와는 유순한 사람(lady)이었습니다. 곧 그들은 하나님의 형상을 지닌 하나님의 자녀들이었습니다. 그러나 사람의 타락으로 온유를 상실했습니다. 아담과 하와는 사탄의 말을 듣고 선악과를 따먹고 난 후 하나님의 낯을 피하여 숨었습니다. 그리고 아담을 찾아오신 하나님께서 "내가 네게 먹지 말라 명한 그 나무 열매를 네가 먹었느냐?" 물으셨을 때, 아담은 "하나님이 주셔서 나와 함께 있게 하신 여자 그가 그 나무 열매를 내게 주므로 내가 먹었나이다"(창 3:12)라고 하며 하나님과 하와에게 책임을 전가합니다. 또한 하와에게 "네가 어찌하여 이렇게 하였느냐" 라고 물으시자 하와는 "뱀이 나를 꾀므로 내가 먹었나이다"(창 3:13)라고 뱀에게 책임을 전가했습니다.

아담과 하와가 타락함으로 온유를 상실했다는 증거가 여기에 나타납니다. 자기들의 잘못을 아담은 '하나님과 여자' 에게로, 하와는 '하나님이 만드신 뱀' 에게로 돌렸습니다. 이렇게 인간이 타락한 이후로 자연 만물은 유순함이 사라졌습니다. 온유를 완전히 상실하고 말았습니다. 그리고 인간은 더 잔인해져서 가인은 분냄으로 동생 아벨을 돌로 쳐 죽이고 말았습니다.

"여호와께서 사람의 죄악이 세상에 가득함과 그의 마음으로 생각하는 모든 계획이 항상 악할 뿐임을 보시고"(창 6:5)

온유의 성품을 회복해야 행복합니다

온유는 행복의 본질입니다. 사람이 행복해지려면 온유의 성품을 회복해야 합니다. 그런데 온유한 성품은 내가 노력해서 바뀌는 것이 아니라 성령께서 나를 변화시켜 주셔야 가능한 것입니다. 예수님은 십자가상에서 자신을 향해 채찍질하며 조롱하는 무리를 위해 하나님 아버지께 용서의 기도를 올리실 정도로 온유하셨습니다. 그리고 예수님은 '나는 마음이 온유하고 겸손하니 나의 멍에를 메고 내게 배우라'고 말씀하셨습니다.

현대는 힘을 과시하는 시대이기 때문에 자신들의 안전은 악에 대하여 날카로운 저항으로 지킬 수밖에 없다고 생각합니다. 반면에 예수님께서는 온유한 자가 복이 있다고 하셨습니다. 이 온유하다는 말은 본래 프라오스(praos)라는 말로써, '하나의 힘이 잘 조절되어 그것이 인격에 나타나는 덕성'을 의미합니다. 그러므로 온유란 외형적인 폭력이나 잔인함의 반대어에 불과한 것이 아니라 적극적인 사랑으로 인하여 고통 받고, 그 고통을 오래 참음으로 인내하는 온화하고 부드러운 마음의 자세입니다. 내가 마땅히 주장할 수 있는 권리를 가졌음에도 불구하고 평화를 위해 말과 시비를 삼가는 것이 온유함입니다.

우리 그리스도인들이 그리스도가 우리의 유일한 구원자로 믿고 십자가의 고통 속에서도 온유의 본을 보여주신 예수 그리스도를 바라볼 때 온유의 품성을 회복할 수 있습니다.

"나는 마음이 온유하고 겸손하니 나의 멍에를 메고 내게 배우라 그리하면 너희 마음이 쉼을 얻으리니"(마 11:29)

예수님을 본받아 온유의 삶을 실천해야 합니다

예수님의 온유는 통치의 표시입니다. 지상에서 주님의 사역은 힘이나 전쟁이라는 수단을 쓰지 않고 구원을 가져오는 왕의 사역이었습니다. 온유는 예수님의 성품을 가진 성도가 세상 사람들을 향하여 마땅히 품어야 할 거룩한 성품입니다. 그러므로 그리스도인들은 예수님을 본받아 온유의 삶을 실천해야 합니다. 온유한 사람은 용서하고, 사랑하고, 긍휼히 여기는 마음이 있습니다. 온유한 사람은 자기주장을 관철시키려고 하지 않습니다. 온유한 사람의 말은 부드럽습니다. 결코, 큰소리를 지르지 않습니다. 온유한 성품의 사람은 하나님께서 자신을 통하여 하나님의 평화와 능력을 나타내시도록 자신의 모든 권리를 하나님께 내어 드립니다.

예수님께서 "온유한 자는 복이 있나니 그들이 땅을 기업으로 받을 것임이요"(마 5:5)라고 말씀하셨습니다. 온유한 자는 행복의 본질을 회복한 자로 땅을 유업으로 받습니다. 땅은 흙의 근원입니다. 하나님께서 아담을 흙으로 빚으셨고 생기를 불어 넣으심으로 생령이 되게 하셨습니다. 즉, 온유한 자는 흙으로 빚어진 아담과 같은 자이며 하나님이 성령을 통해 생기를 불어넣어 주실 수 있는 심령의 상태가 되었다는 것입니다. 이것은 하나님께서 온유한 자에게 성령을 부으시며 그를 들어 사용하시며 하나님의 뜻을 이루신다는 뜻입니다. 하나님께서는 온유한 사람, 온유한 가정, 온유한 교회를 들어 사용하십니다.

"아무도 훼방하지 말며 다투지 말며 관용하며 범사에 온유함을 모든 사람에게 나타낼 것을 기억하게 하라"(딛 3:2)

함께 나눠요

1. 인간은 하나님의 무엇을 따라 지음 받은 존재인가요?

2. 그동안 생각했던 행복의 조건은 무엇이었나요?

3. 일상생활 중에 온유를 실천할 수 있는 것이 무엇일까요?

함께 기도해요

믿음의 형제·자매에게 _____

_____ 기도를 부탁합니다.

그리스도를 따르기 위해서 지켜야 할 온유

> **온유**는 하나님께서 우리를 통해 평안과 능력을 나타내시도록
> 우리의 권리를 하나님께 드리는 것입니다.

공격적이고 자기중심적인 오늘날 문화에서 온유는 거의 잊혀가는 성령의 열매입니다. 사람들은 온유를 연약함으로 생각하기도 합니다. 그러나 연약함은 힘이 없거나 용기가 부족할 때와 같은 부정적인 상황에서 나타나는 마음입니다. "나는 마음이 온유하고 겸손하니 나의 멍에를 메고 내게 배우라"(마 11:29)고 말씀하신 예수님은 연약한 분이 아닙니다. 온유함이란 사람이 자기 생각이 관철되기를 고집하는 대신에 하나님을 신뢰하고 그분을 의지하기로 선택할 때 나타나는 하나님의 성품입니다. 그러므로 그리스도인들은 온유한 사람으로 불려야 하고, 온유한 사람이 되려면 자신에 대한 확신이 아닌 주님께 대한 확신이 있어야 합니다. 그리스도의 온유함을 생활 속에

소그룹 인도

사도신경 : 다 같이 | 찬송 : 412장(통 469) | 기도 : 회원 중 | 본문말씀 : 마 11:28-30
새길말씀 : 마 11:29 | 헌금 찬송 : 419장(통 478) | 헌금 기도 : 회원 중 | 주기도문 : 다 같이

서 실천할 때에 우리의 삶에 많은 유익과 보상을 받게 됩니다.

대가(代價)를 필요로 합니다

온유함을 지키기 위해서는 먼저 나를 위한 목적들을 포기할 수 있어야 합니다. 나의 특권과 기대를 포기할 때 하나님의 평화와 하나님의 능력이 임함을 경험할 수 있습니다. 많은 사람이 자기의 일과 목적 때문에 그리스도를 따르지 못하는데, 주님께서 원하시는 목적을 위해서 주님께서 주신 것과 나 자신의 삶을 주님께 드릴 수 있어야 합니다. 그리스도인은 하나님의 기쁨을 위해서 창조된 존재요 하나님의 영광을 위해 존재하는 자입니다. 이 일을 위해서 내 일을 뒤로 미루고 포기할 수 있어야 온유한 마음에 부으시는 축복을 누리게 됩니다.

또한, 내가 정한 우선순위를 그리스도께서 원하시는 우선순위로 바꾸어야 합니다. 서로가 원하는 대로 하려고 고집부리면 마찰이 생기게 됩니다. 그리스도인들은 서로가 그리스도께서 원하시는 것이 무엇인지를 먼저 생각해야 합니다. 장사하는 성도들이 하나님이 원하시는 것을 이루어 드리기 위해 주일에 가게 문을 닫고 예배하는 것이나, 경제적으로 어려울 때도 십일조를 드리는 것 등, 내 마음대로 결정할 자신의 권리를 그리스도께 내려놓는 것입니다. 언제든지 내 삶에 하나님의 뜻을 우선에 두고, 내 방법이 아니라 하나님의 방법을 구하는 삶이 온유한 사람의 모습입니다.

"그러므로 모든 더러운 것과 넘치는 악을 내버리고 너희 영혼을 능히 구원할 바 마음에 심어진 말씀을 온유함으로 받으라"(약 1:21)

하나님과 모든 사람에게 칭찬을 받습니다

온유한 자가 갖게 되는 유익은 생활의 현장에서 많이 경험할 수 있습니다. 먼저는, 공동체에 평화를 줍니다. 교만한 사람에게는 적이 많지만 온유한 사람에게는 적이 없습니다. 성내지 아니하고 상대방의 말을 경청하며 퉁명스러운 말이나 무뚝뚝한 태도를 피하고, 배려하고 존중하는 태도로 대답합니다. 다른 사람의 잘못된 의견이나 태도를 꼭 바꿔야 할 필요가 있을 때, 그를 지배하려 들거나 압박하지 않고 상냥한 태도로 설득합니다. 죄에 빠진 형제·자매를 깎아내리거나 업신여기거나 뒤에서 수군거리지 않고, 대신 그들에 대해 안타까워하며, 그들이 개인적으로 하나님 앞에서 회개할 수 있도록 기도합니다. 그러므로 다른 사람들을 더 잘 이해하게 되고 존중하여서 인정을 받게 되며, 공동체에서도 선한 감화를 끼치게 되어 평화를 나누게 됩니다. 이런 사람이 공동체에 평화를 줍니다. 이는 하나님 앞에 값진 것입니다.

또한, 하나님의 일을 하게 됩니다. 하나님께서는 온유한 사람에게 주의 일을 맡기십니다. 왜냐하면 온유한 사람들이 하나님의 뜻에 순종하고 하나님께 충성하기 때문입니다. 온유한 사람이 하나님의 일을 하면 그리스도인의 능력을 나타내게 됩니다. 그러므로 온유한 사람은 하나님께만 아니라 사람에게도 칭찬받는 신앙인으로 살아가는 복된 삶을 누리게 됩니다.

"오직 마음에 숨은 사람을 온유하고 안정한 심령의 썩지 아니할 것으로 하라 이는 하나님 앞에 값진 것이니라"(벧전 3:4)

보상이 있습니다

그리스도인들이 예수님의 성품을 닮아가는 것은 신앙생활의 목표라고도 할 수 있습니다. 예수님의 성품 중에서 가장 두드러진 성품이 있다면 순종과 겸손 그리고 온유입니다. '온유'라는 단어는 '겸손하다', '관용'의 의미도 담고 있는 용어입니다. 예수님은 고난 겪으셨을 때 조롱하는 무리에게 욕하지 않으셨고, 고통당하셨을 때 하나님을 원망하시거나 그 무리를 위협하지 않으셨습니다. 그리고 예수님은 자신을 힘들게 하는 자들을 용서하셨습니다. 이처럼 온유하신 예수 그리스도를 알게 되면 온유함의 성품이 발산되어, 주변에 있는 사람들에게 쉼과 즐거움을 주게 됩니다. 그리스도인들은 오래 믿을수록 예수님의 온유하신 성품을 닮아가야 합니다.

온유한 자는 평안을 얻습니다. 하나님은 온유한 자에게는 물질적인 복과 함께 넘치는 평안도 주십니다. 힘은 외적인 평화(peace)는 주지만 내적인 평화(shalom)는 주지 못합니다. 그러나 말씀이 생활화된 온유한 사람에게는 내적인 샬롬이 주어집니다. 우리가 그리스도의 온유함 안에 거할 때 세상으로 향하던 우리의 모든 욕망이 사라지고 우리의 마음은 평안을 얻게 됩니다. 온유한 자는 자신을 평가 절하하고 부당하게 대우하며 해롭게 하는 자들에 대하여 본능과 충동, 격동 등 감정을 제어할 수 있는 훈련된 인격자입니다.

"그러나 온유한 자들은 땅을 차지하며 풍성한 화평으로 즐거워하리로다"(시 37:11)

함께 나눠요

1. 온유함을 지키기 위해서는 어떤 대가(代價)가 필요한가요?

2. 온유한 자가 갖게 되는 생활의 현장에서 얻는 유익은 어떤 것이 있나요?

3. 삶 속에서 예수님의 온유한 성품을 닮기 위해 버려야 할 것은 무엇인가요?

함께 기도해요

믿음의 형제·자매에게 _____

_____ 기도를 부탁합니다.

신앙의 계보를 이어주는 성품, 솔선

솔선은 하나님께서 성경을 통해 우리에게 주시는 레마 말씀에 따라 행동하는 것입니다.

아브라함의 명령을 따라 이삭의 아내를 택하기 위해 긴 여행 끝에 저녁 무렵 나홀의 성에 도착한 아브라함의 종은 순적한 길을 만나기를 기도합니다. 기도를 들으신 하나님은 리브가를 때에 맞추어 우물가로 인도하시고, 종이 기도한 대로 목마른 종만이 아니라 그들의 약대들을 위하여서도 물을 긷는 리브가의 솔선의 성품을 드러나게 하심으로 리브가로 하여금 이삭의 아내로 택함 받게 되는 결과를 가져오게 하십니다. 솔선은 두 가지 방식으로 표현되는데, 생각과 행동을 통해서 표현됩니다. 성경에서 말하는 의미에서의 솔선은 '레마'의 말씀을 통해서 하나님의 뜻을 알고 그것을 행동으로 옮기는 믿음에 기초합니다. '레마'는 성령께서 우리 개개인에게 적용하도록 주시는 구

소그룹 인도

사도신경 : 다 같이 ┃ 찬송 : 95장(통 82) ┃ 기도 : 회원 중 ┃ 본문말씀 : 창 24:10-27

새길말씀 : 창 24:27 ┃ 헌금 찬송 : 321장(통 351) ┃ 헌금 기도 : 회원 중 ┃ 주기도문 : 다 같이

체적인 성경 말씀을 가리킵니다. 리브가의 솔선하는 모습을 살펴보면, 하나님은 어떻게 그녀의 솔선을 통해서 하나님의 경륜을 이루어 가셨는지를 알 수 있습니다.

주저함 없이 실천합니다

아브라함의 종은 이삭의 결혼을 성사시켜야 할 중요한 사명을 가지고, 가나안을 떠나 메소포타미아의 나홀의 성(城)에 저녁때 이르게 되었습니다. 아브라함의 종은 성 밖에 있는 우물곁에 낙타를 쉬게 하고, 나그네인 자신에게 호의를 베푸는 여인 중에서 이삭의 아내를 택하겠다는 생각을 하고 하나님께 기도했습니다. 하나님은 그의 기도가 끝나자마자 리브가를 보내셨습니다. 아브라함의 종은 리브가가 우물에 내려가 물동이에 물을 채워가지고 올라오는 것을 보고 기다렸다가 그녀에게 물을 조금 달라고 부탁합니다. 리브가는 즉시 "내 주여 마시소서"하고 예의 바르게 대답하고, 등에 지고 있던 물동

이를 내려 마시게 했습니다. 당시에 나그네는 우물에서 마음대로 물을 길어 마실 수 없었으며, 동네 사람들의 호의를 베풀 때 비로소 물을 마실 수 있었습니다. 리브가는 나그네의 처지를 생각하고 그에게 필요한 것이 무엇인지 생각해서 주저함 없이 최선을 다해 대접하였습니다. 성경은 이때 리브가의 자세를 '급히'(18절)라는 단어로 아름답게 묘사합니다. 솔선은 스스로 앞장서서 실천하는 것입니다. 아브라함의 종은 스스로 주저함 없이 나그네를 대접하는 리브가의 행동을 묵묵히 지켜보았습니다.

> "게으른 자여 개미에게 가서 그가 하는 것을 보고 지혜를 얻으라 개미는 두령도 없고 감독자도 없고 통치자도 없으되 먹을 것을 여름 동안에 예비하며 추수 때에 양식을 모으느니라"(잠 6:6~8)

먼저 알아서 합니다

솔선의 성품은 마태복음 6장 33절의 "너희는 먼저 그의 나라와 그의 의를 구하라"는 예수님의 명령으로부터 비롯된 성품으로 무엇을 하라는 말을 듣기 전에 해야 할 필요성을 인식하고 행동하는 것입니다. 아브라함의 종이 물을 다 마시자 리브가는 "당신의 낙타를 위하여서도 물을 길어 그것들도 배불리 마시게 하리이다" 하고, 얼른 물 항아리의 물을 구유에 붓고 다시 우물로 달려갔습니다. 리브가는 부탁한 것만 한 것이 아니라 요구하지 않은 더 많은 것을 솔선해서 했습니다.

밧단아람 지역의 사정을 이해하면 리브가가 얼마나 솔선한 사람인지를 알 수 있습니다. 물이 귀한 이 지역에서는 물의 근원을 찾아도 지하로 거의 30m를 파 들어가야 물을 얻을 수 있습니다. 그래서 사람들이 공동으로 성 밖에 우물 하나를 파놓고 성의 처녀들이 그 우물에 나가서 물을 길었습니다. 이 리브가가 물을 길었던 우물은 비스듬한 계단으로 한참 내려가서 물을 길어야 하는 깊은 우물인데, 리브가는 그 우물을 오르내리면서 열 마리의 낙타가 배불리 마시도록 물을 길었습니다. 그녀는 나그네를 대접하는 것이 하나님의 마음이며 뜻임을 알았기에 별도의 부탁을 받지 않았음에도 솔선하여 낙타에게까지 물을 길어 마시게 하였습니다. 솔선은 믿음으로 행한다는 전제로, '누군가 처리해야 할 일을 요청받기 전에 먼저 인식하여 실천하는 것' 입니다.

"너희는 이 세대를 본받지 말고 오직 마음을 새롭게 함으로 변화를 받아 하나님의 선하시고 기뻐하시고 온전하신 뜻이 무엇인지 분별하도록 하라"(롬 12:2)

함께 나눠요

1. 솔선은 두 가지 방식으로 표현되는데, 무엇을 통해서 표현되나요?

2. 하나님이 무엇을 원하시는지 하나님의 방향을 찾는 생활을 하고 있나요?

3. 삶 속에서 솔선의 성품을 실천하기 위해 시간을 지혜롭게 사용하나요?

함께 기도해요

믿음의 형제·자매에게 _____

_____ 기도를 부탁합니다.

믿음의 순선에 따르는 보상

순선은 하나님께서 성경을 통해 우리에게 주시는 레마 말씀에 따라 행동하는 것입니다.

이스라엘의 가장 강력한 경쟁국 중 하나가 아람입니다. 그 아람의 군사령관인 나아만은 큰 용사였지만 나병환자였습니다. 당시 치료법으로는 고칠 수 없는 불치병입니다. 아람에서 병을 고치지 못했던 나아만은 이스라엘 어린 소녀의 이야기를 듣고 사마리아로 출발합니다. 이스라엘의 왕이 두려워하자 엘리사는 나아만을 자기에게로 보내라 합니다. 나아만이 엘리사에게 오자 그는 사자를 나아만에게 보내 요단강에 일곱 번 씻으면 살이 다시 회복되리라고 말합니다. 나아만은 엘리사의 태도에 화를 내지만, 종들의 권면을 듣고 요단강에 일곱 번 몸을 잠그니 그 병이 나았습니다. 이 사건을 통해 엘리사는 이스라엘에 선지자가 있음을 보이고, 이스라엘의 하나님 외에는 신이 없

소그룹 인도

사도신경 : 다 같이 │ 찬송 : 430장(통 456) │ 기도 : 회원 중 │ 본문말씀 : 왕하 5:1-16
새길말씀 : 왕하 5:14 │ 헌금 찬송 : 216장(통 356) │ 헌금 기도 : 회원 중 │ 주기도문 : 다 같이

다는 것을 아람과 이방의 나라에 드러냅니다.

믿음의 능력을 드러냅니다

나아만 장군의 집에는 이스라엘 나라에서 포로로 잡아 온 어린 소녀가 있었습니다. 그 소녀는 주인이 큰 불행을 당한 것을 알고 그의 여주인에게 말하기를 '우리 주인이 사마리아에 계신 선지자 앞에 계셨으면 좋겠나이다. 그가 그 나병을 고치리이다' 라고 이야기합니다. 나아만은 보잘 것 없는 어린 소녀의 입에서 나온 이 한마디의 말을 전해 들었습니다. 그렇지만 그는 군대 장관으로 많은 사람의 이목과 집중을 받고 있었기에 결정하기가 쉽지 않았습니다. 어린 소녀의 말을 들어야 할 것인가로 고민했을 겁니다. 그러나 아무리 신분이 낮고 어린 사람이라 할지라도 그 속에 하나님의 말씀이 있으면 믿어야 합니다. 하나님의 능력은 사람을 통해서 역사하는 것이 아니라 그 사람의 속에 있는 믿음을 통해서 역사합니다.

나아만은 이스라엘에서 잡아 온 작은 소녀가 전한 하나님의 능력으로 병을 고칠 수 있다는 말을 믿음으로 받아들였습니다. 그리고 선지자 엘리사의 말을 듣고 요단강으로 갔습니다. 그리스도인들은 하나님의 말씀 앞에 내 생각과 내 자존심을 내려놓아야 합니다. 삶에 문제가 있을 때, 하나님의 말씀을 들었다면 그냥 실천해야 합니다. 그러면 하나님의 능력이 나타납니다.

"이는 내 생각이 너희의 생각과 다르며 내 길은 너희의 길과 다름이니라 여호와의 말씀이니라 이는 하늘이 땅보다 높음같이 내 길은 너희의 길보다 높으며 내 생각은 너희의 생각보다 높음이니라"(사 55:8-9)

문제를 해결 받습니다

나아만 장군이 엘리사에게 찾아가자 엘리사는 나와 보지도 않고 사자를 그에게 보내 요단강물에 가서 일곱 번 몸을 씻으면 몸이 깨끗하게 낫게 되리라는 말만 전하였습니다. 나아만은 엘리사가 나와 맞아주면서 자기의 상처를 어루만져 기도하면서 치료해 줄 것으로 생각했습니다. 그런데 나와 보지도 않고 요단강 속에 몸을 일곱 번이나 씻으라는 말에 분노가 일어났습니다. 자기 나라 아람에는 맑고 깨끗한 강이 여러 곳 있는데 왜 이곳까지 와서 이수치와 부끄러움을 당해야 하는가를 생각하고 분을 내어 돌아가려고 했습니다. 이때 함께 온 종들이 만류하자, 나아만은 체면과 위신을 내려놓고 요단강 물에 일곱 번 몸을 씻었습니다.

그는 하나님의 사람의 말을 신뢰하고 즉시 실천했습니다. 그러자 그의 피부가 어린아이의 살결과 같이 깨끗하게 고쳐졌습니다. 나아만은 문둥병 때문에 잃어버린 자신을 도로 찾았을 뿐만 아니라 죽음의 병에서 구원을 받았습니다. 그 인생의 문제가 해결되었습니다. 병원에 가면 의사가 하라는 대로해야 치료를 받을 수 있습니다. 그리스도인의 삶은 하나님의 권위를 존중하고 성령께서 들려주시는 말씀을 따라 순종해야 합니다. 우리들 인생의 모든 문제를 해결하실 수 있는 분은 오직 하나님 한 분이십니다.

"나더러 주여 주여 하는 자마다 다 천국에 들어갈 것이 아니요 다만 하늘에 계신 내 아버지의 뜻대로 행하는 자라야 들어가리라"(마 7:21)

하나님께 영광을 돌립니다

나아만은 '내 생각'을 버리고 하나님의 사람의 말에 순종하여 고침을 받았습니다. 그리고 나아만은 엘리사 앞에, 하나님 앞에 감사하는 사람이 되었습니다. 또한 그의 수종자들에게 기쁨을 주었고, 가족들에게 그리고 그의 나라의 통치자와 백성들에게 기쁨을 주었습니다. 이방의 군대 장관인 나아만은 이 사건을 통해 하나님의 능력을 믿고 고백하는 데까지 이르게 됩니다. 하나님의 권능이 나타나는 현장은 아주 간단한 한 가지의 원리에서 시작됩니다. 하나님의 권능이 나타난 현장에는 깨닫거나 선포된 하나님의 말씀이 반드시 있습니다. 나아만이 나병에서 고침을 받았던 이유는 요단강에 신비한 효력이 있기 때문이 아니라 말씀에 기초해서 행동했기 때문입니다. 이것이 하나님의 권능을 체험하는 가장 중요한 원리입니다.

솔선은 하나님께서 성경을 통해 우리에게 주시는 말씀에 따라 행동하는 것입니다. 하나님의 권능은 말씀에 기초하여 행동할 때에 나타납니다. 우리가 정말 하나님의 권능을 체험하는 삶을 살고 싶다면, 우선 행동의 기초를 바꾸어 주님의 말씀에 기초하여 행동하는 삶을 살아야 합니다. 그러면 하나님의 영광이 나타납니다. CCM 중에 '주님 말씀하시면'이란 찬양이 있습니다.

'주님 말씀하시면 내가 나아가리다 주님 뜻이 아니면 내가 멈춰서리다 …… 뜻하신 그곳에 나 있기 원합니다'

이 복음송의 가사와 같이 말씀대로 따르는 것이 하나님의 권능을 체험하는 가장 단순하고 분명한 길입니다.

"오직 내가 이것을 그들에게 명령하여 이르기를 너희는 내 목소리를 들으라 그리하면 나는 너희 하나님이 되겠고 너희는 내 백성이 되리라 너희는 내가 명령한 모든 길로 걸어가라 그리하면 복을 받으리라 하였으나"(렘 7:23)

1. 하나님의 말씀 앞에 내 생활과 자존심을 내려놓을 수 있나요?

2. 삶 속에서 믿음의 솔선을 실천할 수 있는 것은 무엇이 있을까요?

3. 현재 신앙생활 하면서 가장 우선으로 생각하는 것은 무엇인가요?

╔═══════════════════════════╗
║ 함 께   기 도 해 요 ║
╚═══════════════════════════╝

믿음의 형제·자매에게 _____

_____ 기도를 부탁합니다.

솔선으로 필요를 채워주시는 예수님

솔선은 하나님께서 성경을 통해 우리에게 주시는 레마 말씀에 따라 행동하는 것입니다.

예수님의 복음 사역이 유대에서 많은 열매를 맺어감에 따라 예수님에 대한 핍박의 정도는 조금씩 높아만 가고, 이를 아시는 예수님은 처음 복음을 전하셨던 갈릴리로 떠나십니다. 갈릴리를 향하여 가시던 예수님은 사마리아 땅을 지나게 되셨습니다. 공교롭게도 예수님이 사마리아를 지나시던 시각은 하루 중 햇살이 가장 뜨거운 정오 무렵이었고, 심한 피곤과 갈증으로 수가성 인근의 야곱의 우물에서 쉬게 되셨습니다.

때마침 우물로 물을 길어 나온 인생의 역경 속에 고통당하던 사마리아 여인과 대화를 나누시며 이 여인의 아픔을 치료해 주셨습니다. 하나님이 우리를 향한 사랑을 드러내실 때 가장 먼저 사용하신 성품은 솔선입니다. 예수님

소그룹 인도 ─────────────────────

사도신경 : 다 같이 | 찬송 : 563장(통 411) | 기도 : 회원 중 | 본문말씀 : 요 4:1-26

새길말씀 : 요 4:34 | 헌금 찬송 : 380장(통 424) | 헌금 기도 : 회원 중 | 주기도문 : 다 같이

과 사마리아 여인의 대화를 통해 드러나는 예수님의 솔선은 우리에게 많은 교훈을 줍니다.

하나님의 뜻과 그 일을 이루셨습니다

예수님께서 사마리아를 지나신 것은 분명한 의도가 있었습니다. 예수님은 "인자의 온 것은 잃어버린 자를 찾아 구원하려 함이라"라고 말씀하셨고 바로 목마른 한 사마리아 여인의 아픔을 이해하시고 여인을 찾아 수가라는 동네로 행하셨습니다. 이것은 하나님의 마음입니다. 예수님은 하나님의 뜻에 따라 육신을 입으시고 종의 형체를 가지고 이 땅에 찾아오셨습니다.

그러므로 예수님은 뜨거운 정오에 우물로 물 길어 나올 수밖에 없는 여인의 목마름을 해결해 주시고자 찾아오셨습니다. 너무 아픈 삶의 고통을 마음에 담고, 아무도 이해해 주지 않아 홀로 고통당하는 여인을 만나 주기 위해서, 이 여인보다 먼저 우물가에 도착하셨습니다. 예수님은 하나님의 마음을 아시고 그의 뜻을 행하기를 기뻐하셨습니다. 솔선은 기꺼이 주님의 사랑의 손과 발이 되어 주는 것입니다. 이를 위해 남이 가기 싫어하는 그 고통스러운 조롱의 길을 걷는 것입니다. 그러므로 솔선은 전심으로 하나님의 뜻을 분별하기를 힘쓰고, 이를 이루기 위해 최선을 다합니다.

> "사랑은 여기 있으니 우리가 하나님을 사랑한 것이 아니요 하나님이 우리를 사랑하사 우리 죄를 속하기 위하여 화목 제물로 그 아들을 보내셨음이라 사랑하는 자들아 하나님이 이같이 우리를 사랑하셨은즉 우리도 서로 사랑하는 것이 마땅하도다"(요일 4:10-11)

여인에게 사랑의 손을 내미셨습니다

사마리아 여인은 행복을 갈망하지만, 현실은 그렇지 못했습니다. 그날도 사람들을 피하여 한낮에 물을 길으러 우물을 찾았습니다. 그때 한 유대인으로 보이는 사람이 물을 달라며 말을 걸어왔을 때 좀 당황했습니다. 왜냐하면 당시 유대인들은 사마리아인들과 상종하지 않았기 때문입니다. 그러나 그분은 이 여인에게 자신이 누구인 줄 알았더라면, 하나님의 선물과 생수를 달라고 구하였을 것이라고 말합니다. 그렇게 대화를 시작하게 되었고, 사마리아 여인은 대화 중에 예수님이 어떤 분인지 다 알지 못했어도, 자신의 과거를 다 알고 계시는 것을 보며 무척 놀랐습니다. 왜냐하면 아무에게도 자신의 남녀관계를 다 말하지 않았기 때문입니다. 예수님이 어떻게 예배해야 하는지 말씀하시자, 이 여인은 메시야 곧 그리스도라 하는 이가 오시면 그가 모든 것을 우리에게 알려 주실 것이라고 대답합니다. 그때 예수님으로부터 '네게 말하는 내가 그라'는 참으로 놀라운 말씀을 듣게 되었습니다. 목마른 여인, 온갖 고통으로 가득한 인생을 살아온 여인이 예수 그리스도를 만났습니다. 채워지지 않는 삶의 목마름을 가지고 살아가다가 참된 생수가 되시며, 영생이 되는 주님을 만나게 된 이 여인은 이제 참된 소망과 기쁨이 차오르게 되었고, 삶이 달라졌습니다. 예수님을 만난 여인은 이제 더 이상 외롭고 목마른 인생이 아니었습니다.

솔선이란, 하나님 사랑의 마음을 알고 그 사랑의 손길이 되어 이웃을 향한 사랑을 실천하는 것입니다. 즉, 다른 사람을 도와줄 방법을 찾는 것이며, 실천에 옮기는 것입니다. 우물가에서 여인을 만나시고 구원의 길로 인도하신 예수님은 오늘 우리에게 동일하게 일하라고 말씀하십니다.

"그러므로 너희는 가서 모든 민족을 제자로 삼아 아버지와 아들과 성령의 이름으로 세례를 베풀고 내가 너희에게 분부한 모든 것을 가르쳐 지키게 하라 볼지어다 내가 세상 끝날까지 너희와 항상 함께 있으리라 하시니라"(마 28:19-20)

하나님의 나라를 확장하셨습니다

예수님이 관행을 깨고 사마리아로 향하신 것, 관례를 벗어나 사마리아 여인에게 말을 건네신 것, 여인의 아픔을 이해하시고 그 아픔과 인생의 목마름을 해결해 주신 것, 이 모든 것은 오직 하나님 나라와 그 의를 구하신 모습입니다. 예수님과의 대화를 통해서 여인은 마침내 자신의 인생의 목마름이 어디에서 비롯된 것인가를 이해했습니다. 그리고 자신의 아픔과 목마름을 해결해 주신 예수 그리스도를 전합니다. 그러자 인생에 목마른 이웃들 또한 예수님께로 나왔습니다. 참된 생명을 얻은 자가 누리는 기쁨과 감격이 사람들에게 감동을 주고, 감동된 그들도 '우리도 또한 그가 참으로 세상의 구주신 줄 앎이라'고 고백했습니다.

먼저 그의 나라와 그의 의를 구하라는 말씀처럼 예수님의 솔선하심으로 한 목마른 여인이 구원을 받았고, 이를 통하여 수가성의 사람들이 복음을 들었고, 많은 사람이 구원을 받았습니다. 그리고 무엇이 진정으로 하나님을 예배하는 것인가 깨달았습니다. 그리스도인들은 하나님 나라의 확장을 위하여 솔선하여 하나님의 말씀에서 자기 삶의 방향을 찾아 실천하는 생활을 해야 합니다.

"하나님이 세상을 이처럼 사랑하사 독생자를 주셨으니 이는 그를 믿는 자마다 멸망하지 않고 영생을 얻게 하려 하심이라 하나님이 그 아들을 세상에 보내신 것은 세상을 심판하려 하심이 아니요 그로 말미암아 세상이 구원을 받게 하려 하심이라"(요 3:16-17)

1. 예수님은 어떤 면에서 솔선하셨다고 생각하시나요?

2. 내가 행한 솔선으로 인해 이웃에게 예수님의 사랑을 드러낼 수 있는 것은 무엇이 있나요?

3. 예수님의 솔선을 실천하기 위해 힘써야 할 부분은 무엇이 있나요?

함께 기도해요

믿음의 형제·자매에게 _____

_____ 기도를 부탁합니다.

야곱의 신음을 들으신 하나님

경청은 우리의 집중을 요구하는 일이나 사람들에게 '듣는 마음'을 주는 것입니다.

경청이란 상대방의 말을 듣는 것 이상을 의미합니다. 말하는 사람의 표정과 어조, 몸짓 언어 등을 통해 말에 숨어 있는 뜻과 정서를 분별하는 것이며, 그 무엇보다도 상대방의 영의 호소에 귀를 기울이는 것입니다.

밧단아람으로 도망하던 야곱의 신음을 들으시고 응답하시는 하나님의 모습 속에서 진정한 경청을 볼 수 있습니다. 야곱은 아버지 이삭과 형 에서를 속이고 축복기도를 받은 후 도망쳤습니다. 에서의 분노를 피하여 외삼촌의 집으로 가는 길에서 잠들게 되고 꿈속에서 하나님의 음성을 듣게 됩니다. 하나님은 아브라함과 이삭이 자녀들을 위해 기도했던 것을 기억하셨습니다. 그리고 야곱의 신음을 들으셨고 그에게 응답하셨습니다. 야곱은 자신이 당한

소그룹 인도

사도신경 : 다 같이 | 찬송 : 200장(통 235) | 기도 : 회원 중 | 본문말씀 : 창 28:12-19
새길말씀 : 창 28:15 | 헌금 찬송 : 338장(통 364) | 헌금 기도 : 회원 중 | 주기도문 : 다 같이

어려움을 하나님께 직접 호소하지는 않았지만, 하나님께서는 야곱이 마음으로 말하는 고통을 경청하시고 응답하셨습니다. 이처럼 성도인 우리도 하나님께서 보여주신 경청을 본받아 이웃의 아픔에 귀 기울이고 고통에 동참하는 삶을 살아야 합니다.

경청 예화

한 제자가 스승에게 물었습니다. "사람에게는 귀는 둘인데 왜 입은 하나입니까?" 그러자 스승은 "말하기 보다는 남의 이야기를 많이 들으라는 뜻일세"라고 대답했습니다. 말하기 전에 듣고 상대방의 뜻을 이해하는 것이 더 중요함을 일깨우는 교훈이라고 할 수 있습니다.

오늘날은 매스컴의 발달로 수많은 소리가 영상과 함께 우리의 눈과 귀에 들어옵니다. 그래서인지 눈으로 보고 귀로 듣는 것은 익숙해진 것 같아 보입니다. 그러나 잘 돌이켜보면 그렇지 않은 경우가 많습니다. 눈과 귀는 상대방을 응시하고 있지만, 머리는 다른 생각으로 가득합니다. 그래서 상대방의 말을 대충 흘려듣거나 내가 듣고 싶은 부분만 골라 듣습니다. 상대의 말에 호응하거나 동의해 주기보다는 상대방의 말이 빨리 끝나기만을 기다립니다. 자신의 말을 많이 하려고 상대의 말이 끝나기 전에 말을 끊기도 합니다. 누군가가 내 말을 경청해주는 것처럼 기분 좋은 일은 없습니다. 그러므로 나 먼저 다른 사람의 말을 잘 들어줄 뿐만 아니라 호응하며 살아야 합니다. 직장에서는 상사와 직원 및 동료 사이에, 가정에서는 부부, 그리고 부모와 자녀 사이에서 말에 좀 더 귀를 기울여야 합니다. 물론 성도들 사이에서는 더 말할 필요가 없을 것입니다. 진정한 대화와 소통은 바로 상대방의 말과 그 뜻을 먼저 듣고 이해하며 해결해 주려는 노력에서부터 시작합니다.

야곱의 마음을 경청하셨습니다

야곱은 아버지와 형을 속여 장자권의 축복을 받았지만 에서의 보복에 대한 두려움으로 멀리 도망치는 신세가 되었습니다. 비록 어머니 리브가의 권고(창 27:6-13)에 따라 아버지를 속이고 형의 복을 차지한 것이었지만, 어머니 리브가의 편애적인 권고에 대하여 하나님의 뜻을 경청했더라면 이런 어려움은 없었을 것입니다.

본문에는 죽음의 두려움으로부터 도망치고 부모를 떠날 수밖에 없는 상태에 직면한 야곱의 심경에 관하여 직접적으로 언급하지 않지만, 브엘세바를 떠나 밧단아람으로 도망하는 노중에 잠든 야곱의 모습에서 그의 마음과 형편을 짐작할 수 있습니다. 하나님도 이러한 야곱의 마음과 형편을 경청하시고 꿈을 통해 야곱을 찾아가셨습니다. 이처럼 하나님은 성도들의 기도뿐만 아니라, 마음 깊은 곳의 형편도 경청하십니다. 하나님의 자녀인 우리도 하나님의 성품을 닮은 존재로서 이웃과 성도들의 소리 없는 신음을 경청할 줄 알아야 합니다. 또한 야곱이 어머니의 권고보다 하나님의 뜻을 묻지 않음으로써 난관에 부딪혔다는 것을 교훈 삼아 하나님 말씀에 더욱 귀 기울이는 삶을 살아야 합니다.

"여호와께서 내 간구를 들으셨음이여 여호와께서 내 기도를 받으시리로다"
(시 6:9)

야곱의 신음에 응답하셨습니다

야곱이 깊은 고독과 신음 속에 잠들어 있을 때 하나님께서 그를 찾아가셨습니다. 그리고 아브라함과 이삭에게 약속하신 것들을 야곱에게 이루실 것과 그를 지키시며 약속을 다 이루기까지 떠나지 않겠다고 말씀하셨습니다. "내가 너와 함께 있어 네가 어디로 가든지 너를 지키며 너를 이끌어 이 땅으로 돌아오게 할지라 내가 네게 허락한 것을 다 이루기까지 너를 떠나지 아니하리라 하신지라"(창 28:15). 이러한 약속의 말씀을 받은 야곱은 비로소 자신의 신음을 들으시고 찾아와 응답하신 하나님을 고백하게 됩니다. "야곱이 잠이 깨어 이르되 여호와께서 과연 여기 계시거늘 내가 알지 못하였도다"(창 28:16). 이것은 야곱에게 새로운 비전을 주신 것이며, 보호와 동행의 약속으로 야곱을 치유하신 하나님의 응답이었습니다.

진정한 경청은 비록 상대방이 직접 말하지 않는다고 하여도 여러 가지 표정과 표현 속에 담긴 상대방의 마음과 영적 상태를 이해하고 응답하는 것입니다. 하나님은 우리의 말과 생각을 다 경청하십니다. 그리고 우리의 신음에 응답하십니다. 하나님의 자녀인 우리도 세상의 소리에 귀 기울일 수 있어야 하고, 이웃의 말 없는 소리를 경청할 수 있어야 할 것입니다.

"내 영혼아 네가 어찌하여 낙심하며 어찌하여 내 속에서 불안해 하는가 너는 하나님께 소망을 두라 나는 그가 나타나 도우심으로 말미암아 내 하나님을 여전히 찬송하리로다"(시 42:11)

함께 나눠요

1. 당신이 아버지와 형을 속인 야곱의 입장이라면 어떻게 행동하겠습니까?

2. 야곱처럼 믿을만한 사람의 권고만 따르다가 어려움을 당한 경험이 있나요?

3. 사람의 말을 따르기 전에 하나님의 뜻을 먼저 경청하는 방법은 무엇일까요?

함께 기도해요

믿음의 형제·자매에게 _____

_____ 기도를 부탁합니다.

서른여덟 걸음

이방인 구원을 이끈 두 사람의 경청

경청은 우리의 집중을 요구하는 일이나 사람들에게 '듣는 마음'을 주는 것입니다.

사도행전 10장에는 두 사람이 주님의 음성을 경청한 결과, 이방인들에게
도 성령이 임하시고, 나아가 세례까지 받는 구원의 역사가 기록되어 있습
니다. 10장의 두 주인공 중 한 사람은 이방인 로마 백부장 고넬료이고(행
10:1), 다른 한 사람은 예수님의 제자 베드로입니다.

사도행전 10장 2-5절에서 고넬료는 경건한 사람으로서 하나님을 경외하
고 항상 기도하는 사람이었으며, 환상 중에 천사를 통해 들려주는 하나님의
음성에 따라 베드로를 초청하게 되었음을 보여줍니다.

베드로 역시 기도 중에 환상을 통하여 하나님의 음성을 듣게 됩니다. 그것
은 당시 전통적 신앙으로는 먹을 수 없는 속되고 부정한 음식을 잡아먹으라

소그룹 인도 ─────────────────────────

사도신경 : 다 같이 │ 찬송 : 270장(통 214) │ 기도 : 회원 중 │ 본문말씀 : 행 10:1-23
새길말씀 : 행 10:2 │ 헌금 찬송 : 323장(통 355) │ 헌금 기도 : 회원 중 │ 주기도문 : 다 같이

170 회복과 세움

는 하나님의 음성이었습니다(행 10:9-16). 결코 쉽게 이해되거나 가볍게 받아드릴 수 없는 음성임에도 불구하고 베드로는 환상을 통해 주신 하나님의 음성을 경청했습니다.

이처럼 사람으로서는 이해할 수 없는 하나님의 말씀에 대한 두 사람(고넬료와 베드로)의 경청은 하나님의 구원과 성령이 유대인뿐 아니라 이방인들에게도 차별 없이 임한다는 기적 같은 구원의 능력을 나타나게 했습니다(행 10:48, 11:18). 오늘날도 세상 사람들을 구원으로 이끄는 역사는 믿음의 사람이 먼저 하나님 말씀을 경청할 때 시작됩니다.

자신의 능력보다 하나님 말씀을 경청했습니다

고넬료는 '이탈리아 부대'로 언급된 로마군대의 백부장이었습니다. 백부장은 부하 100명을 거느리는 군인으로서 높은 보수를 받았고, 로마 사회에서 좋은 직업으로 인정받는 특권층인 로마 시민이었습니다.

이러한 권력과 지위를 가졌던 고넬료에게 하나님은 식민지 사람인 베드로를 자신의 집으로 초대하라는 음성을 들려주십니다. 무엇 때문에 베드로를 초청하고 무엇을 어떻게 하라는 지시가 없음에도 고넬료는 하나님의 음성에 순종하고 두 명의 하인과 함께 부하 중 경건한 한 사람을 선별하여 베드로를 초대하기 위해 욥바로 보냈습니다(행 10:5-8).

이것이 바로 하나님의 음성에 대하여 고넬료가 보여준 경청의 모습입니다. 그가 언제 그의 집안과 함께 하나님을 믿는 사람이 되었는지는 모르지만, 환상 중 하나님의 음성을 듣고 순종한 그의 경청은 이방인에게도 성령과 세례를 통한 하나님의 구원을 이루게 하는 기적의 통로가 되었습니다.

"여호와께서 내 음성과 내 간구를 들으시므로 내가 그를 사랑하는도다 그의 귀를 내게 기울이셨으므로 내가 평생에 기도하리로다"(시 116:1-2)

율법과 전통보다도 하나님 말씀을 집중했습니다

고넬료는 하나님의 말씀을 경청하고 즉시 약 60km 정도 떨어진 욥바로 자신의 종들과 부하를 보냈습니다. 그들이 욥바에 도착할 즈음에 베드로도 기도 중에 환상으로 하나님의 말씀을 듣게 됩니다. 이것은 유대인들에게 있어서 율법으로 정해진 부정한 동물을 잡아먹으라는 말씀입니다. 이스라엘 규례와 전통으로는 절대 받아드릴 수 없는 말씀이었습니다. "주여 그럴 수 없나이다 속되고 깨끗하지 아니한 것을 내가 결코 먹지 아니하였나이다"(행 10:14)라는 베드로의 대답은 이를 잘 보여줍니다.

그러나 '베드로가 본 바 환상이 무슨 뜻인지 속으로 의아해 하더니'(행 10:17)라는 기록과 '베드로가 그 환상에 대하여 생각할 때'(행 10:19절)라는 기록은 베드로가 돌이켜 이스라엘 율법과 전통을 고집하기보다는 하나님의 말씀과 지시에 더 집중하려 했음을 잘 보여줍니다.

율법에 따라 "주여 그럴 수 없나이다"라고 말했던 베드로와 다시 돌이켜 '그 환상에 대하여 생각'하며 하나님 말씀을 경청하고자 했던 베드로의 모습을 통해 현재 교회와 성도들은 과연 무엇을 경청하고 있는지 돌아보아야 합니다. 하나님의 말씀보다 율법과 전통에 집중하면, "하나님께서 깨끗하게 하신 것을 네가 속되다 하지 말라"(행 10:15)는 말씀처럼, 사람이 하나님의 판정을 불순종하는 죄를 범할 수 있습니다.

> "주께서 나를 가르치셨으므로 내가 주의 규례들에서 떠나지 아니하였나이다"
> (시 119:102)

이방인 구원의 기적은 경청을 통해 이루어졌습니다

환상을 통해 주신 하나님의 말씀에 집중하던 베드로는 또다시 성령을 통해 "두 사람이 너를 찾으니 일어나 내려가 의심하지 말고 함께 가라 내가 그들을 보내었느니라"(행 10:20)라는 하나님의 음성을 듣게 됩니다. 이러한 하나님의 음성에 순종한 베드로는 고넬료가 보낸 두 사람을 만나게 되고 그들과 함께 가이사랴에 도착하여 고넬료 집안과 이방인들에게 예수 그리스도의 복음을 전하게 됩니다.

고넬료와 베드로, 이 두 사람이 하나님 말씀을 경청한 결과는 참으로 놀라운 역사를 이루게 됩니다. 그것은 베드로가 설교하는 자리에서 이방인에게도 성령이 임하고 이방인들이 세례를 받는 구원의 역사가 일어난 것입니다. 만일 고넬료와 베드로가 하나님의 말씀을 경청하기보다 개인의 능력이나 율법과 전통을 고집했다면, 이방인 구원을 기다리시는 하나님의 사역에 동참하지 못했을 것이며, 도리어 그것들은 걸림돌이 되었을지도 모릅니다.

오늘의 교회와 성도들도 고넬료와 베드로의 경청을 본받아 겸손히 하나님의 말씀과 음성을 경청해야 할 때입니다. 우리도 모르게 교만하여져서 하나님의 말씀보다 개인의 직분, 직위, 신앙 경험, 학력, 재물 등을 내세우면 하나님의 뜻을 경청할 수 없습니다. 하나님의 말씀을 경청하지 않는 교회와 성도는 빛과 소금으로서의 본질을 잃게 되고, 도리어 하나님과 예수님을 욕되게 합니다.

"이스라엘아 들으라 우리 하나님 여호와는 오직 유일한 여호와이시니 너는 마음을 다하고 뜻을 다하고 힘을 다하여 네 하나님 여호와를 사랑하라 오늘 내가 네게 명하는 이 말씀을 너는 마음에 새기고 네 자녀에게 부지런히 가르치며 집에 앉았을 때에든지 길을 갈 때에든지 누워 있을 때에든지 일어날 때에든지 이 말씀을 강론할 것이며 너는 또 그것을 네 손목에 매어 기호를 삼으며 네 미간에 붙여 표로 삼고 또 네 집 문설주와 바깥문에 기록할지니라"(신 6:4-9)

함께 나눠요

1. 하나님의 말씀보다 전통과 세상의 소리를 선택하여 후회한 적 있나요?

2. 내 생각과는 다르지만, 하나님의 말씀에 경청하여 복음이 확장된 경험이 있나요?

3. 어떤 결정을 내리기 전, 하나님 말씀에 점검하고 있나요?

함께 기도해요

믿음의 형제·자매에게 _____

_____ 기도를 부탁합니다.

거지와 시각장애인의 소리를 경청하신 예수님

경청은 우리의 집중을 요구하는 일이나 사람들에게 '듣는 마음'을 주는 것입니다.

본문은 경청의 세 가지 모습을 보여줍니다. 하나는 걸인이자 소경인 '바디매오의 경청'이고, 또 하나는 예수님이 여리고를 지나실 때 동행하거나 지켜보고 있었던 '많은 사람의 경청'이며, 다른 하나는 약자의 소리를 들으시고 응답하신 '예수님의 경청'입니다.

'바디매오의 경청'을 통해 의식주 문제를 우선할 형편에 놓였지만, 여러 가지 소리 가운데 자기 삶의 근원을 바꾸어 줄 소리에 집중할 때 구원과 치유의 은혜를 받게 된다는 것을 배우게 됩니다. '많은 사람의 경청'을 통해서는 바디매오를 잠잠하도록 꾸짖는 모습에서 오늘을 사는 우리가 '힘 있는 사람의 소리는 경청하지만, 힘없는 자들의 소리를 외면하지는 않았는지 돌아보

소그룹 인도

사도신경 : 다 같이 | 찬송 : 369장(통 487) | 기도 : 회원 중 | 본문말씀 : 막 10:46-52
새길말씀 : 막 10:52 | 헌금 찬송 : 365장(통 484) | 헌금 기도 : 회원 중 | 주기도문 : 다 같이

게 됩니다. 그리고 '예수님의 경청'을 통해 이 시대를 사는 많은 사람, 특히 예수님을 믿고 따르는 교회와 성도들이 무엇을 경청해야 할지를 배우게 됩니다.

오늘날은 다양한 매스 미디어의 획기적인 발달로 엄청나게 많은 소리가 빠르게 전파되고 있습니다. 빠르면 빠를수록 그리고 많으면 많을수록 그 소리에 담긴 진정한 뜻은 경청하기가 어렵습니다. 이것 때문에 약자들의 소리가 묻히기도 합니다. 본문에 나타난 바디매오와 많은 사람 그리고 예수님의 경청을 통해 우리가 바르게 경청하고 있는지 되돌아보아야 합니다.

경청으로 예수님을 만났습니다

가진 것 없고 아무것도 볼 수 없는 시각장애인, 남을 의지하여 구걸을 해야만 했던 바디매오는 어느 날 나사렛 사람 예수께서 지나간다는 소리를 듣고, 즉시 예수님을 향하여 "다윗의 자손 예수여 나를 불쌍히 여기소서"라고 외칩니다(막 10:47). 그 결과 바디매오는 구원의 예수님을 만나게 되었고 치유의 은혜까지 받게 되었습니다.

시각장애인 바디매오가 언제, 어떻게 예수님을 알게 되었는지에 대한 기록은 없습니다. 단지 바디매오가 자신 주변에서 이야기하는 사람들을 통하여 그리스도로 오신 예수님에 대하여 듣게 되었을 것으로 추측됩니다. 아마도 구걸하는 장소에서 바디매오는 여러 가지 소리를 들었을 것입니다. 그 중에는 '어느 곳을 가면 의식주를 해결해 준다' 라는 정보도 있었을 것입니다. 그러나 바디매오는 의식주 해결보다 자신의 눈을 뜨게 할 수 있는 분이 있다는 구원의 소리를 더 집중하여 경청할 수밖에 없었을 것입니다. 바디매오는 자신이 원하는 것보다 자신이 필요로 하는 것을 선택하고 최선을 다해 구했습니다. 예수님이 자신이 사는 여리고를 지나는 소리를 듣고 그 소리에 응답함으로써 예수 그리스도를 만나게 됩니다. 바디매오는 생명과 구원의 소리를 경청함으로써 치료하시고 구원하시는 예수님을 만났습니다.

오늘날도 여러 가지 소리가 매스컴과 사람들을 통하여 우리의 눈과 귀에 들려집니다. 오늘을 살아가는 현대 교회와 성도인 우리도 바디매오처럼 의식주 문제보다 생명 살리는 소리를 경청해야 합니다. 생명의 일에 집중하고 생명을 살리는 말씀을 경청할 때, 생명의 예수님을 만날 수 있습니다.

"쉬지 말고 기도하라"(살전 5:17)

사람들은 약자의 소리를 경청하지 않았습니다

바디매오는 예수께서 지나가신다는 소리를 듣고 예수를 향하여 불쌍히 여겨달라고 소리칠 때, 많은 사람은 바디매오의 소리를 무시하고 도리어 꾸짖으며 잠잠할 것을 강요했습니다(막 10:48). 생명을 요구하는 애절한 소리는 경청하지 않고, 거지이며 앞을 볼 수 없는 장애를 지닌 겉모습만을 봤습니다.

오늘날도 약하고 가난하며 힘없는 사람들의 소리는 들으려 하지 않고 도리어 부와 권력, 지식 등 많이 가진 자들의 소리에만 경청하는 약육강식의 세상임을 발견하게 됩니다. 세상은 하나님을 알지 못하여 그렇다 하더라도 하나님을 따르는 교회와 성도는 확연히 달라야 합니다.

우리들은 바디매오의 외침을 꾸짖었던 '많은 사람'의 무리 속에 포함되지 않는지 돌아보아야 합니다. 우리도 예수님의 부름을 받기 전 영적인 거지였으며, 아무것도 보지 못하는 불쌍한 존재들이었음을 망각하지 말아야 합니다. 나아가 가난하고 연약하며 곤경에 빠진 사람들을 불쌍히 여기고 그들의 소리를 민감하게 경청하는 삶을 회복해야 합니다. 이러한 삶의 현장에 하나님이 계시며 교회의 미래가 있습니다.

"여호와께서 빈궁한 자의 기도를 돌아보시며 그들의 기도를 멸시하지 아니하셨도다"(시 102:17)

주님은 약자의 소리를 경청하시고 응답하십니다

자신을 불쌍히 여겨달라는 바디매오의 외침은 지나가는 예수님께 먹을 것을 달라는 외침이 아니었습니다. 그러나 많은 사람은 바디매오의 외침을 걸인의 구걸 혹은 자격도 없는 시각장애인이 외치는 시끄럽고 불편한 소리 정도로 인식했던 것 같습니다. 그래서 그의 안타까운 사정은 생각하지 못한 채 꾸짖으며 잠잠하게 하려고만 했습니다.

그러나 예수님은 바디매오의 외침 속에 담겨 있는 인간으로서의 아픔과 고통을 들으시고 보셨습니다. 그리고 머물러 서서 그를 만나시고 그의 부름에 응답하셨습니다. 고아, 과부, 나그네, 외국인 등 약자들을 하나님께서 창조하신 존귀한 생명으로 여기시며 돌아보시는 성부 하나님처럼 예수님은 바디매오를 존귀한 생명으로 대해 주셨습니다.

이처럼 경청은 들려오는 소리대로 듣고, 보이는 대로 보는 것에서 끝나지 않습니다. 보이지 않는 소리와 숨겨진 모습까지 듣기도 하고 보기도 합니다. 참된 경청은 약자와 소외된 자들도 하나님이 존귀하게 창조하신 생명임을 인식하게 합니다.

오늘날 세상과 교회 안에는 이러한 약자들이 많습니다. 재물과 권력이 없는 약자로부터 시작해서 정신적인 약자, 신체적인 약자, 인종적 약자 심지어 신앙의 약자도 있습니다. 주님을 본받아 약자의 소리를 경청하고 응답하는 삶이 신앙의 성숙과 교회의 성숙으로 나타나야 합니다.

"너는 내게 부르짖으라 내가 네게 응답하겠고 네가 알지 못하는 크고 은밀한 일을 네게 보이리라"(렘 33:3)

1. 경청하지 않아 좋은 기회를 놓쳤다고 생각되는 일은 무엇인가요?

2. 약자의 소리를 경청하지 않은 경험이 있었나요?

3. 간절한 소원은 무엇이며, 하나님께 응답받으려면 어떻게 해야 할까요?

믿음의 형제·자매에게 _____

_____ 기도를 부탁합니다.

하나님의 능력의 통로, 끈기

끈기는 시련과 환난을 기뻐하여 하나님의 사랑의 능력을 경험하는 것입니다.

야곱은 외삼촌 라반의 집에 머무는 동안 힘든 일을 이겨내고, 드디어 두 아내 레아와 라헬 그리고 열한 아들과 많은 재물을 가지고 고향으로 돌아오게 됩니다. 그런데 형 에서가 400명의 장정을 거느리고 자신을 만나러 온다는 소식을 듣습니다(창 32:6). 두렵고 답답한 야곱은 형 에서가 자신을 죽이려고 온다고 생각하고는 온갖 방법을 동원하여 살 궁리를 하게 됩니다. 하지만 하나님은 아브라함과 이삭에게 언약하신 것을 성취하시기 위하여 야곱을 기도의 자리로 나아가게 합니다. 야곱은 얍복 나루터에서 밤이 새도록 목숨을 건 기도를 시작했습니다. 하나님의 사자를 보내어 야곱과 씨름하게 하셨습니다. 단번에 꺾을 수도 있는 씨름에서 하나님은 져주십니다. 이렇게 20

소그룹 인도

사도신경 : 다 같이 | 찬송 : 342장(통 395) | 기도 : 회원 중 | 본문말씀 : 창 32:22-28
새길말씀 : 창 32:28 | 헌금 찬송 : 394장(통 449) | 헌금 기도 : 회원 중 | 주기도문 : 다 같이

년이 넘도록 하나님께서는 야곱이 믿음의 거목(巨木)이 되도록 끈기를 가지시고 기다리셨습니다. 끈기는 시련과 환난을 극복하여 하나님의 사랑의 능력을 경험하게 합니다. 하나님께서는 야곱이 절박한 환경 가운데서 부르짖게 하셨고, 또한 친히 찾아오셔서 은혜를 베풀어 주셨습니다. 결국, 사람이 다 하는 것 같지만 실상은 우리를 끝까지 기다리시고 책임지시는 하나님의 끈기의 성품이 승리와 구원의 길로 인도하시는 것입니다.

끈기 예화

어느 교회에 권사님 한 분이 계십니다. 2010년 3월, 그 권사님은 병원에서 뇌경색 판단을 받았습니다. 뇌로 연결된 혈관이 막힌 것입니다. 뇌경색 진단을 받은 권사님은 병원에서 수술하자고 했지만 결심하고 날마다 교회에 나가 먼저 주님 앞에 간절히 기도했습니다. 한 달 동안 기도했지만 좋아지지 않자 결국 수술 날짜를 받았고, 그럼에도 포기하지 않고 교회 지체들과 함께 계속해서 주님의 치료를 기다리며 기도했습니다. 그녀는 수술하기로 한 날도 목사님에게 안수기도를 받고 병원으로 갔습니다.

수술하기 위해 마지막 X-ray 촬영을 했는데, 막힌 혈관이 뚫려있는 것입니다. 의사가 의심스럽다며 다시 C-T 촬영을 했습니다. 역시 혈관이 정상으로 뚫려있었습니다. 의사는 "내가 20년 넘게 의사 생활을 했어도 혈관이 이렇게 스스로 뚫리는 경우는 처음입니다. 기적입니다."라고 고백했습니다. 권사님도 '머리가 시원하고 골치가 아프지 않다'라고 말하고 하나님께 영광을 돌렸습니다. 그 권사님은 아직도 건강하게 생활하고 계십니다. 포기하지 않고 끈기 있게 기도한 자에게 하나님께서 기적을 베푸신 것입니다.

끈기 있는 삶과 믿음을 가르치셨습니다

야곱은 얍복 나루터에서 먼저 자기 자신과 씨름하고 있습니다. 사랑하는 아내 라헬이나 레아에게 자기 상황이나 형 에서와의 관계를 말할 수 없는 처지였습니다. 오로지 홀로 고독하게 자신과 싸우며 부르짖고 있습니다. 이것은 하나님이 야곱을 끈기 있는 기도자로 세우시고, 하나님만 의지하는 것이 살길임을 가르치시는 과정이었습니다. 야곱은 얍복 나루터에서 철저하게 부서지고 낮아지는 영적 체험을 했습니다. 허벅지 관절이 부러져도 주님을 끝까지 붙들고 놓지 않는 끈기 있는 사람으로 변화되었습니다. 이 모든 것은 야곱의 인성에서 비롯된 것이 아니라, 하나님께서 그를 위대한 믿음의 사람으로 만드시기 위한 은혜의 과정이었습니다. 하나님은 모든 상황 속에서 우리 모두가 끈기 있는 믿음의 사람으로 세워지기를 원하십니다. 그러므로 불평하거나 두려워하지 말고, 야곱처럼 끈기 있는 믿음의 사람으로 자신을 세워나가야 합니다. 끈기는 소망에 기초합니다. 경주를 포기하지 않는 한 상을 받는다는 사실을 알면 끈기의 능력을 경험하게 됩니다.

"사람이 감당할 시험 밖에는 너희가 당한 것이 없나니 오직 하나님은 미쁘사 너희가 감당하지 못할 시험 당함을 허락하지 아니하시고 시험 당할 즈음에 또한 피할 길을 내사 너희로 능히 감당하게 하시느니라"(고전 10:13)

끈기 있는 기도로 승리했습니다

야곱이 얍복 나루터에서 기도하고 있을 때, 하나님의 사자가 야곱에게 찾아왔습니다. 그리고 밤새도록 씨름했습니다. 하나님의 사자가 씨름한 것은 야곱을 이기기 위해서나 넘어뜨리기 위해서가 아닙니다. 하나님은 지금까지 당신의 끈기의 성품으로 야곱이 하나님 앞에 무릎 꿇기를 기다리셨습니다. 야곱이 모든 것을 포기하고 오직 하나님만 의지하기를 원하셨습니다. 이것이 야곱을 향한 하나님의 사랑입니다. 그러나 그 과정을 보면 시련과 환난의 연속이었습니다. 야곱과 씨름하던 하나님의 사자가 야곱의 허벅지 관절을 내리쳤습니다. 그러나 야곱은 포기하지 않고 끝까지 붙들고 씨름하며 기도했습니다. 그리고 하나님의 사자가 "네 이름이 무엇이냐?"고 물으실 때, "야곱입니다"라고 대답하자, "네 이름을 야곱이라 하지 말고 이스라엘이라 하라"고 축복하셨습니다. 결국, 끈기 있는 기도로 야곱은 변화되었고, 이스라엘이 되는 능력을 경험하게 되었습니다.

또한 얍복 나루터에서 끈기 있게 기도한 결과, 야곱을 겁박하려고 400명의 장정을 거느리고 오던 에서의 마음도 변화되었습니다. 야곱에 대해 분노와 원망으로 가득했던 에서의 마음이 화평의 마음으로 바뀌었습니다. 야곱에게 가까이 와서 껴안고 눈물 흘리며 동생 야곱과 화해하는 기적이 일어났습니다(창 33:4). 분노와 원망이 변하여 사랑과 화해의 마음이 되었습니다. 이것은 야곱이 하나님 앞에 엎드려 철저히 낮아지고 깨어지며, 포기하지 않고 끈기 있게 하나님만 붙잡고 부르짖은 기도의 결과였습니다. 물론 우리를 향하신 하나님의 끈기 있는 성품의 결과이기도 합니다. 하나님께서는 오늘도 우리가 당신을 똑 닮은 끈기 있는 전도자, 끈기 있는 사역자, 끈기 있는 기도자가 되기를 바라는 아버지의 마음으로 우리를 보고 계십니다.

"우리가 선을 행하되 낙심하지 말지니 포기하지 아니하면 때가 이르매 거두리라"(갈 6:9)

함께 나눠요

1. 하나님의 끈기의 성품을 어떻게 삶 속에서 적용할 수 있을까요?

2. 끈기 있는 성품을 훈련하는데 기도는 어떤 도움이 될까요?

3. 내가 끈기 있게 하지 못했던 신앙적인 모습들은 무엇인가요?

함께 기도해요

믿음의 형제·자매에게 _____

_____ 기도를 부탁합니다.

응답의 열쇠, 끈기

끈기는 시련과 환난을 기뻐하여 하나님의 사랑의 능력을 경험하는 것입니다.

예수님이 두로와 시돈 지방으로 들어가실 때, 가나안 여자가 예수님 앞에 나와 큰 소리로 자신의 딸이 흉악한 귀신에 들렸으니 고쳐주시길 애원합니다. 그러나 예수님은 무관심 한 듯 지나치십니다. 여인의 간청에 무응답 하셨고, 냉정하신 예수님의 태도에 오히려 제자들이 당황할 정도였습니다. 더욱이 "자녀의 떡을 취하여 개들에게 던짐이 마땅하지 않다"라는 말씀을 하십니다. 지금까지 사랑과 긍휼을 베푸시며, 병든 자를 고치시고, 귀신들린 자를 자유롭게 하셨던 예수님의 모습과는 전혀 달랐습니다. 이러한 예수님의 냉대와 심한 굴욕에도 여인은 끝까지 포기할 줄 몰랐습니다. 오히려 "주여 옳습니다. 하지만 개들도 자기 주인의 상에서 떨어지는 부스러기를 먹나

소그룹 인도

사도신경 : 다 같이 | 찬송 : 435장(통 492) | 기도 : 회원 중 | 본문말씀 : 마 15:21-28
새길말씀 : 마 15:28 | 헌금 찬송 : 214장(통 349) | 헌금 기도 : 회원 중 | 주기도문 : 다 같이

이다"라고 고백함으로 주님의 마음을 움직입니다. 이것이 바로 주님을 사랑하고 믿는 자가 반드시 가져야 할 끈기 있는 신앙 성품입니다. 끈기란 어떠한 시련과 환난도 기뻐하여 하나님의 사랑의 능력을 경험하는 것입니다.

응답의 과정을 알아야 합니다

여인을 향한 예수님의 반응은 전혀 이해할 수 없었습니다. 보통 이러한 상황이 되면 낙심하고 실망하게 됩니다. 이것이 시험입니다. 그러나 예수님은 기다림, 즉 여인에게 끈기 있는 믿음을 원하셨습니다. 엘리야는 갈멜 산에서 이방 선지자 850명과 영적 싸움에서 승리한 후, 3년 반 동안 내리지 않던 비 오기를 간절히 구합니다. 그때 하나님은 한 번에 엘리야의 기도를 응답하지 않으셨습니다. 엘리야가 머리를 무릎 사이에 넣고 간절히 기도하고, 그 종이 일곱 번이나 바다를 바라본 후에야 손바닥만 한 구름을 보이셨습니다. 그리고 난 후에야 큰비를 주셨습니다(왕상 18:41-46). 포기하지 않고 끈질기게 기도할 때 비가 내렸습니다.

가나안 여인이 간절히 구할 때, 예수님이 침묵하고 무시한 것은 그녀를 모욕한 것이 아니라, 더 많은 애정과 긍휼의 마음을 가지신 사랑을 표현한 것입니다. 예수님은 그녀가 주님의 자리로 가까이 나아오도록 초청하셨습니다. 예수님은 여인이 구하는 선물보다 더 큰 것, 즉 예수님 자신을 주시기 원하셨습니다. 사랑이신 주님을 알게 하시고, 하나님 나라를 주시고자 하셨습니다.

우리의 부르짖음에 주님이 침묵하시고 외면하는 것같이 느껴질 때, 그때가 바로 주님이 우리를 초청하시는 시간임을 알고 포기하지 않고 끝까지 기도하는 신앙 성품을 가져야 합니다. 내가 원하는 길이 보이지 않지만, 끝까지 포기하지 않을 때, 그때가 바로 응답의 때입니다. 이 과정을 통하여 끈기 있는 신앙 성품이 훈련되고 세워집니다.

"깨어 믿음에 굳게 서서 남자답게 강건하라 너희 모든 일을 사랑으로 행하

라”(고전 16:13-14)

끝까지 포기하지 않는 믿음입니다

이해할 수 없는 예수님의 말씀과 행동 속에서도 가나안 여인은 예수님에 대한 신뢰의 끈을 놓지 않았습니다. 이처럼 중간 중간 방해물을 만났을 때, 더 큰 목표에 집중하는 것이 끈기입니다. 그리고 자신이 이방 여인이며, 은혜 받을 만한 자격이 없음을 고백했습니다. 지금 이 여인은 자격을 가지고 주님 앞에 나온 것이 아니라 은혜의 자리에 나왔습니다. 주님의 사랑 안에 있는 은혜를 구하고 있습니다. 다니엘은 조서에 왕의 도장이 찍힌 것을 알고도 기도를 쉬지 않았습니다. 악한 자들이 자신들의 계획이 성공했음을 좋아하며 다니엘을 사자 굴에 던졌습니다. 그러나 하나님이 다니엘을 지키시므로 사자가 다니엘을 해치지 못하고, 오히려 다니엘을 죽이려고 했던 원수들이 사자의 밥이 되고 말았습니다(단 6:10-24).

진정한 믿음의 사람은 어떤 환경에서도 쉽게 넘어지거나 포기하지 않습니다. 하나님께서 반드시 응답하심을 믿기 때문입니다. 이렇게 하나님을 신뢰하는 믿음은 포기하지 않는 끈기를 갖게 합니다. 공허하고 의심이 될 때 우리는 더 하나님을 신뢰하고 포기하지 않는 기도의 자리로 나아가야 합니다. 마귀의 어떠한 참소와 포기하게 만드는 환경에서도 포기하거나 자기연민, 절망에 빠져서는 안 됩니다. 가나안 여인은 예수님의 무시와 냉대 속에서도 오히려 더 엎드려 완전히 굴복하며 은혜를 구했습니다(25절).

“하물며 하나님께서 그 밤낮 부르짖는 택하신 자들의 원한을 풀어 주지 아니하시겠느냐 그들에게 오래 참으시겠느냐”(눅 18:7)

문제를 해결 받았습니다

“여자여 네 믿음이 크도다.”(28절) 무시와 냉대 속에서도 굴복하지 않고 끝까지 간절히 구한 여인에게 예수님이 칭찬하신 말씀입니다. 이처럼 예수님은 보이지 않는 겨자씨 같은 여인의 포기할 줄 모르는 끈기 있는 믿음을 끄집어내어 많은 사람 앞에서 축복하시고 본이 되게 하셨습니다. 이해하지 못할 것 같았던 예수님의 모습은 우리를 더 사랑하시고, 진정한 필요를 채우시기 위한 부르심이었습니다. 예수님은 그 여인에게 "네 소원대로 되리라"고 하셨고 그 시로부터 그의 딸이 나았습니다(28절). 야자나무(종려나무)는 겉껍질에 상처가 나도 해를 입지 않습니다. 다른 나무들은 치명상을 입게 되는데, 야자나무는 잘 견딥니다. 이는 야자나무의 생명력이 다른 나무들처럼 겉껍질 바로 밑이 아닌 몸통의 중심에 있기 때문입니다. 가뭄에는 뿌리가 땅속 깊이 내려가 양분을 끌어들입니다. 오래 견딜수록 열매는 더욱 달게 됩니다.

"의인은 종려나무 같이 번성하며, 레바논의 백향목 같이 성장하리로다"(시 92:12)

함께 나눠요

1. 신앙생활을 하면서 가나안 여인처럼 끈기를 배울 수 있는 경험이 있었나요?

2. 이해되지 않는 상황에서도 포기하지 않고 기도하는 사람인가요?

3. 가나안 여인과 같은 냉대와 무시를 당할 때 어떻게 반응하나요?

함께 기도해요

믿음의 형제·자매에게 ＿＿＿＿＿＿＿＿＿＿＿＿＿＿＿＿＿＿＿＿＿＿＿

＿＿＿＿＿＿＿＿＿＿＿＿＿＿＿＿＿＿＿＿＿ 기도를 부탁합니다.

끈기 있는 기도자

끈기는 시련과 환난을 기뻐하여 하나님의 사랑의 능력을 경험하는 것입니다.

예수님이 온 인류의 죄를 대속하시기 위해 십자가를 지시는 사역을 앞에 두고 겟세마네 동산에서 기도하실 때, 제자들은 육신이 피곤해서 모두 졸며 잤습니다. 이때 예수님은 자신을 위한 기도가 아니라 하나님의 뜻에 순종하기 위한 끈기 있는 기도를 하셨습니다(눅 22:44). 또한, 온 인류를 구속하기 위한 간절한 중보기도를 하셨습니다.

아무리 단단한 바위라도 파도가 천 년을 끈질기게 내리치면 침식될 수밖에 없습니다. 끈기 있는 기도에 하늘 문이 열립니다. 예수님은 시련과 환난 가운데서도 기뻐하며 끈기 있는 기도에 응답하실 뿐만 아니라, 자신도 끈기 있게 기도하는 성품을 지니셨습니다.

소그룹 인도

사도신경 : 다 같이 | 찬송 : 337장(통 363) | 기도 : 회원 중 | 본문말씀 : 마 26:36-46

새길말씀 : 마 26:41 | 헌금 찬송 : 361장(통 480) | 헌금 기도 : 회원 중 | 주기도문 : 다 같이

죽음에 직면한 상황 속에서도 기도하셨습니다

예수님은 십자가의 대속 사역을 앞에 놓고 심히 고민하고 슬퍼하셨습니다. 이는 예수님이 능력이 없거나 겁을 먹어서가 아닙니다. 인성을 지니신 주님께서 인류의 죄를 담당하시기 위해 십자가를 지시는 것이 너무나 고통스럽고 힘든 것이었기 때문입니다. 그런데도 예수님은 인간적인 방법을 취하는 것이 아니라 하나님 앞에 엎드려 기도드렸습니다. 초대교회의 성도들도 사도 야고보가 순교 당하고, 베드로도 옥에 갇혀 처형당할 위기에 처했을 때, 다 같이 모여 간절히 기도했습니다. 그때 베드로를 옥에서 구원하시는 기적적인 역사를 경험했습니다(행 12:1-12).

초대교회 성도들은 권력이나 돈이 많은 사람이 아니었습니다. 세상의 기준으로 보면 힘없는 사람들이었습니다. 하지만 그들에게는 한 가지 힘이 있었는데, 그것은 포기하지 않고 끈기 있게 기도하는 신앙 성품이었습니다. 끈기 있는 기도는 세상의 그 어떤 것보다 강력한 힘과 능력이 있습니다. 끝까지 포기하지 않는 기도는 반드시 환경을 바꾸고 하나님의 응답을 가져옵니다.

"그러므로 너희 죄를 서로 고백하며 병이 낫기를 위하여 서로 기도하라 의인의 간구는 역사하는 힘이 큼이니라"(약 5:16)

깨어 끝까지 기도하셨습니다

제자들은 연약한 육신의 피곤함을 이기지 못하고 잠들었지만, 예수님은 심히 고민이 되어 죽게 된 상황에서 깨어 기도하셨습니다. 예수님의 끈기 있는 기도가 온 인류를 구원하는 능력의 원천이 되었습니다. 끈기는 목표가 이루어질 때까지 끈질기게 붙드는 것입니다. 야곱은 천사를 끝까지 붙잡고 놓지 않음으로 하나님과 겨루어 이겼다는 인정을 받았습니다(창 32:28). 지금도 하나님은 이런 끈기 있는 기도의 사람을 찾으십니다.

훌륭한 믿음의 사람들도 신앙의 길에서 영적인 졸음으로 시험에 빠지기 쉽습니다. 예수님이 "시험에 들지 않게 깨어 있어 기도하라 마음에는 원이로 되 육신이 약하도다"(마 26:41)라고 권면하셨듯이 우리가 기도하지 못하도록 사탄은 많은 환경적인 요소들로 믿음의 사람들을 미혹하고 있습니다. 그러므로 끝까지 믿음을 잃지 않고 기도하는 것이 무엇보다도 중요합니다. 우리의 믿음이 주님을 만날 때까지 지속되기 위해서는 어떤 방해나 환경에도 흐트러지지 않고 기도에 집중하는 훈련이 필요합니다.

"너는 장차 받을 고난을 두려워하지 말라 볼지어다 마귀가 장차 너희 가운데에서 몇 사람을 옥에 던져 시험을 받게 하리니 너희가 십 일 동안 환난을 받으리라 네가 죽도록 충성하라 그리하면 내가 생명의 관을 네게 주리라"(계 2:10)

끈질긴 기도로 구원을 완성하셨습니다

이 세상의 그 어떤 현인도 "다 이루었다"는 말을 할 수 없습니다. 예수님만이 온 인류의 죄악을 위해 대속의 십자가를 지시고 그 사역을 온전히 이루셨습니다. 예수님은 겟세마네 동산에서의 끈기 있는 기도로 구원을 완성하셨습니다. 예수님이 겟세마네 동산에서 온 인류를 위해 중보기도 하셨던 것처럼 우리도 이웃의 영혼 구원을 위해 기도해야 합니다. 자신만을 위해 기도하는 것이 아니라, 이웃과 죽어가는 영혼들을 붙들고 끈기 있는 기도의 중보자가 되어야 합니다.

예수님이 갈보리 언덕을 십자가 지고 가실 때, 많은 여자들이 예수님의 모습을 보고 통곡하며 울었습니다. 그때 예수님은 그들을 향하여 "예루살렘의 딸들아 나를 위하여 울지 말고 너희와 너희 자녀를 위하여 울라"(눅 23:28)고 말씀하셨습니다. 지금 나를 위한 울음이 중요한 것이 아니라 너희 자신 그리고 너희 자녀를 위하여 울 때가 있음을 말씀하신 것입니다. 가정에서 부모가 먼저 믿음 안에 바로 서야 자녀들도 믿음 안에 거하게 됩니다. 이것이 원리입니다. 지금 한국 교회의 세대 간의 단절은 이 부분을 소홀히 한 결과라고 할 수 있습니다. 이것은 교회 회복의 첫 단추와도 같습니다. 첫 번째 사명(Misson)입니다. 부모가 먼저 포기할 줄 모르는 끈기 있는 신앙 성품으로 자녀들을 위해 눈물로 끈기 있는 기도의 모범을 보여야 합니다. 그러면 자녀들도 이러한 복된 신앙 성품을 물려받아 천대까지 이어지는 영적 명문 가문으로 세워갈 수 있습니다.

"예수께서 힘쓰고 애써 더욱 간절히 기도하시니 땀이 땅에 떨어지는 핏방울 같이 되더라"(눅 22:44)

함께 나눠요

1. 살면서 심히 고민되고 어려울 때 당신은 지금까지 어떻게 했나요?

2. 나의 끈기를 시험하고 약화하는 것은 무엇인가요?

3. 어떻게 해야 예수님처럼 끈기 있는 기도를 할 수 있나요?

함께 기도해요

믿음의 형제·자매에게 ＿＿＿＿＿＿＿＿＿＿＿＿＿＿＿＿＿＿＿＿＿

＿＿＿＿＿＿＿＿＿＿＿＿＿＿＿＿＿＿＿ 기도를 부탁합니다.

참된 만족을 구한 선택

만족은 하나님께서 나의 현재와 미래의 행복에 필요한 모든 것을
이미 공급해 주셨음을 깨닫는 것입니다.

레아의 큰아들 르우벤이 밀을 거둘 때, 들에서 합환채(단맛을 띠고 일종의 마취 성분을 지닌 열매로 식용과 약용으로도 쓰인다. 특히 불임 여성들에게 수태를 증진하는 효능을 지녔다고 한다)를 얻었습니다. 그 소식을 들은 라헬이 언니인 레아에게 합환채를 부탁했으나 거절당하자, 남편을 거래로 하여 합환채를 얻게 되었습니다. 레아는 라헬에 비해 가진 것이 부족했습니다. 성경은 두 여인에 대해 "레아는 시력이 약하고 라헬은 곱고 아리따우니"(창 29:17)라고 비교하고 있습니다. 그러나 레아는 천성적으로 라헬보다 덕스러운 성품을 가졌던 것으로 보입니다. 본문은 그녀가 더 이상의 욕심을 갖기보다 남편의 사랑을 원했기 때문에 합환채에 욕심을 내기보다 남편인 야곱을 선택한 것으로

소그룹 인도

사도신경 : 다 같이 | 찬송 : 382장(통 432) | 기도 : 회원 중 | 본문말씀 : 창 30:1-24
새길말씀 : 창 30:17 | 헌금 찬송 : 310장(통 410) | 헌금 기도 : 회원 중 | 주기도문 : 다 같이

보입니다. 그런 레아에게 하나님은 태의 문을 여시고, 세 명의 자녀를 계속해서 선물로 주셨습니다. 레아는 하나님께 감사하며 자녀들의 이름을 그런 고백들로 표현하며 지었습니다.

레아의 선택은 욕심을 채우기보다 하나님의 뜻에 순종하는 것이었습니다. 만족은 하나님이 나의 현재와 미래에 필요한 모든 것을 이미 공급해 주셨음을 깨닫는 것입니다. 레아는 하나님께서 이미 모든 것을 공급해 주셨음을 깨닫고 믿었기 때문에 어떠한 상황 속에서도 만족할 수 있었습니다. 이것이 그리스도인의 참된 만족입니다.

만족 예화

'이 세상에서 가장 부유한 사람은 가장 적은 것으로 만족할 줄 아는 사람이다.' 철학자 소크라테스의 말입니다. 하지만 세상에는 만족할 줄 아는 사람보다 그렇지 못한 사람들이 더 많습니다. 미국의 대부호 하워드 휴즈는 젊은 나이에 엄청난 재산을 모아서 주위 사람들의 부러움을 샀습니다. 가장 짧은 기간에 재벌로 급부상한 사람이었습니다. 그의 유산은 당시 천문학적인 액수였습니다. 그런 그에게 어떤 기자가 물었습니다. '사람이 행복해지려면 얼마나 돈을 벌어야 한다고 생각하십니까?' 그러자 그는 '무조건 지금보다 더 가져야 행복합니다.'라고 대답했습니다. 많은 돈을 갖고도 결코 만족하지 못했던 하워드 휴즈, 그의 인생이 사람들의 눈에는 어떻게 비쳐졌을까요? 하워드 휴즈가 죽었을 때 그의 장례식에 참석한 사람의 숫자가 열 손가락으로 헤아리고도 남았다고 합니다.

'불만족은 부자를 가난하게 만드나 만족은 가난한 자를 부하게 만든다'

(벤자민 프랭클린)

하나님 안에서 참 만족을 알았습니다

욕심에는 참 만족이 없습니다. 레아의 기도는 라헬을 이기기 위한 기도가 아니었습니다. 그녀는 자신의 삶 속에 하나님이 주시는 가장 아름다운 것으로 채우기를 원했습니다. 레아는 여섯 번째 아들, 스불론을 낳은 후에 하나님 안에서의 만족을 고백하고 있습니다. "하나님이 내게 후한 선물을 주시도다"(20절) 이것은 소유에 대한 만족을 말하기보다 '하나님'이 바로 그녀의 만족이라는 고백입니다. 그래서 만족의 비결을 '하나님의 현존(現存)을 즐기는 것'이라고 합니다(시 16:11).

라헬은 남편과 자녀를 다 소유하면 진정으로 만족할 것으로 생각했으나, 레아는 소유보다는 관계에 더 많은 관심을 두고 있었습니다. 그래서 셋째 레위를 낳은 후 남편을 향한 그녀의 마음을 "내 남편이 지금부터 나와 연합하리로다"(창 29:34)라고 고백했습니다. 그리스도인의 만족은 소유에 있지 않습니다. 참된 만족은 관계에 있습니다. 하나님과의 인격적인 관계가 바로 될 때, 우리는 참된 만족을 경험하게 됩니다. 또한, 사람과의 관계 역시 마찬가지입니다. 잘못된 소유욕은 집착에 지나지 않습니다.

"은을 사랑하는 자는 은으로 만족하지 못하고 풍요를 사랑하는 자는 소득으로 만족하지 아니하나니 이것도 헛되도다"(전 5:10)

만족에는 하나님의 보상과 선물이 따릅니다

라헬과 레아는 대조적인 삶을 살았습니다. 라헬은 남편의 사랑을 받았지만, 자녀가 없었고, 레아는 남편의 사랑을 받지 못했지만, 자녀들이 많았습니다. 라헬은 자녀를 가지려고 수단과 방법을 가리지 않았습니다. 자신이 가진 것을 기뻐하며 만족할 줄 몰랐습니다. 하지만 레아는 동생에게 남편의 사랑을 빼앗겼지만, 하나님께 자신의 삶을 맡기고 기도하며 기다렸습니다. 그녀는 하나님으로부터 오는 참된 만족을 찾았습니다. 이렇게 하늘에서 오는 참된 만족에는 하나님의 보상과 선물이 따르게 됩니다.

레아의 삶에는 평화가 있었습니다. 이는 하나님이 주시는 만족함을 얻는 이가 누리는 선물입니다. 반대로 라헬은 자녀가 없어 자신의 종 빌하를 남편에게 주어 자녀들을 낳았습니다. 단을 낳고 "내 억울함을 푸시려고 내 호소를 들으사 내게 아들을 주셨다"고 했고, 납달리를 낳은 후에는 "내가 언니와 크게 경쟁하여 이겼다"는 의미로 이름을 지었습니다. 라헬은 피해의식을 갖고 사는 여인이었습니다. 피해의식이란 자신이 가진 것에 감사하지 못하고 남과 비교하는 모습에서 나타나는 성품입니다. 랄프 거쓰리는 '지금 가진 것으로 만족하지 않으면 절대로 원하는 것을 가진다고 해도 만족하지 않을 것이다' 라고 말합니다. 레아 역시 단산하여 종 실바를 통하여 자녀를 낳았습니다. 그러나 그녀의 고백을 보면 그 보상과 선물이 무엇인가를 느낄 수 있습니다. 갓을 낳고 "내가 복 받았구나"하고, 아셀을 낳은 후에는 "행복하구나"라고 고백합니다. 그녀의 감사에는 참 만족이신 하나님을 향한 기쁨의 고백이 있습니다. 다른 사람이 나보다 더 많이 가졌다 할지라도 인정하고 만족할 줄 알아야 합니다. 왜냐하면, 그리스도인의 참된 만족은 소유가 아니라, 주님과의 관계에 있기 때문입니다.

> "내가 궁핍하므로 말하는 것이 아니니라. 어떠한 형편에든지 나는 자족하기를 배웠노니 나는 비천에 처할 줄도 알고 풍부에 처할 줄도 알아 모든 일 곧 배부름과 배고픔과 풍부와 궁핍에도 처할 줄 아는 일체의 비결을 배웠노라"(빌 4:11-12)

함께 나눠요

1. 당신은 무엇 때문에 만족하나요? 돈(겉모습, 지식 등)인가요, 하나님인가요?

2. 내가 만족할 때 주셨던 보상과 선물은 무엇이었나요?

3. 나의 만족함을 가로막는 것은 무엇인가요?

함께 기도해요

믿음의 형제·자매에게 ＿＿＿＿＿＿＿＿＿＿＿＿＿＿＿

＿＿＿＿＿＿＿＿＿＿＿＿＿ 기도를 부탁합니다.

인간의 참된 만족

만족은 하나님께서 나의 현재와 미래의 행복에 필요한 모든 것을
이미 공급해 주셨음을 깨닫는 것입니다.

인간은 누구나 '욕망'을 가지고 있습니다. 육신의 필요를 채우기 위한 욕망은 밑 빠진 항아리와 같습니다. 어떠한 목적을 세우고, 그것을 다 이룬다 할지라도 인간의 욕망은 그것으로 만족하지 못합니다. 그래서 만족은 필요와 욕심을 구분할 줄 아는 지혜를 필요로 합니다. 하나님께서 우리의 모든 필요를 채우신다고 약속하셨지, 우리가 원하는 대로 다 얻으리라고 하신 것은 아닙니다(빌 4:19).

본문에서 사마리아 여인은 그 욕망의 끈을 남편으로부터 찾았습니다. 여인이 어떤 삶을 사는지는 정확하게 알 수 없지만 분명한 것은 현재의 남편까지 여섯 명이 있었다는 사실입니다. 그런데도 여인은 만족할 줄 모르고 있

소그룹 인도

사도신경 : 다 같이 | 찬송 : 94장(통 102) | 기도 : 회원 중 | 본문말씀 : 요 4:5-30

새길말씀 : 요 4:23 | 헌금 찬송 : 289장(통 208) | 헌금 기도 : 회원 중 | 주기도문 : 다 같이

습니다. 예수님의 "남편을 불러오라"는 말씀에 여인은 "나는 남편이 없습니다"라고 말합니다. 자신의 삶에서 가장 약한 부분을 드러내고 있습니다. 예수님은 그 여인의 잘못된 욕망과 만족할 줄 모르는 삶을 아셨고, 참된 만족은 세상에 있지 않고 하나님에게서 온다는 것을 알려 주고자 하셨습니다.

자신을 바로 알게됩니다

예수님은 영원히 목마르지 않는 물을 달라고 간청하는 여인에게 '남편을 불러오라' 고 이해가 안 되는 명령을 하셨습니다. 이 말에 여인은 처음에는 어리둥절했으나 이내 자신의 잘못된 과거를 깨닫고 고백했습니다. 예수님은 그녀에게 구원의 길을 보여주시기 전에 잘못된 욕망의 근원이 무엇인지 알기를 원하셨습니다(18절). 하나님은 구원의 기쁨과 만족함을 누리기 전에 끊임없이 갈구하는 것이 부질없는 욕망임을 깨닫기 원하셨습니다.

하늘로부터 오는 영원히 목마르지 않은 생수를 마시려면, 내 영의 참 만족을 얻으려면 먼저 자신의 찢겨지고 상한 모습을 꿰뚫어 보아야 합니다. 우리의 상한 심령을 깨닫고 주님께 바른 고백을 할 때, 참된 만족이 무엇인가를 발견하게 됩니다.

"너희는 여호와를 만날 만한 때에 찾으라 가까이 계실 때에 그를 부르라 악인은 그의 길을 불의한 자는 그의 생각을 버리고 여호와께로 돌아오라 그리하면 그가 긍휼히 여기시리라 우리 하나님께로 돌아오라 그가 너그럽게 용서하시리라"(사 55:6-7)

예수님에 대한 고백이 달라졌습니다

자신의 문제를 솔직하게 고백한 여인은 예수님에 대한 시각과 고백이 달라진 것을 볼 수 있습니다. 예수님에 대한 호칭 변화를 통해 알 수 있습니다. 9절 "유대인"에서 19절 "선지자"로 그리고 25절 "메시야 곧 그리스도"라고 고백했습니다. 그런데 이 과정에서 여인은 자신이 진정 원하는 것이 무엇인가를 찾아가는 것을 볼 수 있습니다. 단순한 샘물에서 시작해서 남편으로, 예배의 처소에서 예배의 대상으로 이야기가 옮겨 가면서 그녀는 자신이 진정으로 찾는 것이 육신의 갈증이 아닌 영혼의 갈증(예배의 갈증)이었다고 고백하고 있습니다.

우리도 '내가 진정으로 만족한 삶을 살고 있는가?' 깊이 묵상해야 합니다. 세상의 것은 그 어떠한 것도 참된 만족함을 주지 못합니다. 조건을 다 갖춘 배우자, 크고 넓은 집, 근사하게 장식된 예배당이 우리에게 참된 만족을 주는 것은 아닙니다. 사마리아 여인이 예수님을 만나서 자신의 참된 만족을 찾아가면서 신앙의 고백이 달라지는 것처럼 우리의 신앙도 성숙해져야 합니다. 어린아이와 같은 신앙은 필요한 것을 구하는 기도를 합니다. 그러나 성숙하면 하나님 자체가 응답이요, 감사가 됩니다. 언제나 나와 동행하시며, 나의 구원이 되는 분이라는 것을 믿기 때문입니다.

"나의 하나님이 그리스도 예수 안에서 영광 가운데 그 풍성한 대로 너희 모든 쓸 것을 채우시리라"(빌 4:19)

증거 하는 삶으로 성장했습니다

예수님을 만난 여인은 참된 만족을 찾았고, 자신의 존재 가치를 새롭게 발견했습니다. 여인은 자신이 물 길어 온 사실도 잊은 채, 물동이를 버려두고 마을로 달려갔습니다. 그녀에게 이제까지의 모든 문제는 중요하지 않게 되었습니다. 그녀는 참된 만족을 찾았기에 무엇이 중요하고, 무엇이 가치가 되는지 깨닫게 되었습니다. 이제 사마리아 여인은 세상이 주는 만족보다 구원자이신 예수님이 자신의 진정한 만족임을 전하고 싶었습니다. 그리고 마을로 달려가 예수님이 메시야며 구원자이신 것을 증거 했습니다(42절).

본문은 한 자연인이 예수님을 구주로 영접하는 과정을 잘 보여주고 있습니다. 그 가운데 가장 중요한 변화는 자신이 가졌던 헛된 욕망을 버리는 것에서 출발한다는 사실입니다. 모든 것을 부족함 없이 채워주시는 하나님을 믿고 알면서도, 아직도 '세상에 헛된 욕망에 끌려가는 나의 모습은 없는지?' 자신의 믿음을 점검해 보아야 합니다(벧전 1:7). 그리고 더 나아가 "와서 보라 이는 그리스도가 아니냐!"(29절)라고 증거 한 것처럼 우리도 증거하는 삶을 살아야 합니다. 그때 진정한 참된 만족을 경험하게 됩니다.

"너희 믿음의 확실함은 불로 연단하여도 없어질 금보다 더 귀하여 예수 그리스도께서 나타나실 때에 칭찬과 영광과 존귀를 얻게 할 것이니라"(벧전 1:7)

함께 나눠요

1. 내 안에 어떤 죄의 모습이 있나요?

2. 당신은 무엇 때문에(어느 때) 만족하나요?

3. 당신의 믿음을 확인해 보셨나요?

함께 기도해요

믿음의 형제·자매에게 _____

_____ 기도를 부탁합니다.

만족의 원리

만족은 하나님께서 나의 현재와 미래의 행복에 필요한 모든 것을
이미 공급해 주셨음을 깨닫는 것입니다.

예수님은 만족(감사)할 줄 모르는 욕심 때문에 염려가 찾아온다고 말씀하고 있습니다. 그리고 우리의 신앙에서 가장 큰 걸림돌을 물질에 대한 소유욕으로 보았습니다. 또한, 사람들은 그것을 채우는데 많은 시간과 힘을 기울인다고 말씀하셨습니다. 그리고 그것으로부터 오는 불필요한 염려들이 우리의 믿음을 얼마나 작게 하는지를 책망하셨습니다. 염려 없는 만족한 삶을 살 수 있다면 우리는 더 많은 하나님의 나라와 의를 위하여 헌신할 수 있기 때문입니다.

만족은 인간의 본성과 상반되므로 배우고 훈련받아야 합니다. 우리는 환경이 좋아지면 만족할 줄로 생각하고 상황이 나아지기를 바랍니다. 그러나

소그룹 인도

사도신경 : 다 같이 | 찬송 : 321장(통 351) | 기도 : 회원 중 | 본문말씀 : 마 6:25-34
새길말씀 : 마 6:33 | 헌금 찬송 : 382장(통 432) | 헌금 기도 : 회원 중 | 주기도문 : 다 같이

아담과 하와는 완벽한 환경 속에서 살았으나 만족하지 못했습니다. 그들은 완벽한 건강, 완벽한 결혼, 완벽한 정원을 가지고 하나님과 매일 교제했습니다. 그럼에도 불구하고 얼마 안 가서 하나님께서 자기들에게 현재와 미래의 행복에 필요한 모든 것을 공급하지 않으셨다는 마귀의 거짓말에 속았습니다. 그러므로 예수님의 만족의 원리에 귀를 기울여야 합니다.

우선순위를 바르게 정해야 합니다

열심히 살겠다고 다짐하고 노력했음에도 되돌아보면 늘 부족한 것뿐입니다. 세상 삶도 그렇고 믿음 생활에서도 만족할 수 없는 것이 우리의 현실입니다. 예수 그리스도를 구주로 영접하고 예수님을 주인으로 모셨으면서도 되돌아보면 내가 주인이었고, 예수님은 손님으로 밖에 모시지 못했습니다. 말씀에 순종하는 삶을 살아야 함에도 인간의 의지와 경험을 더 앞세운 때가 많았습니다. 이웃을 네 몸과 같이 사랑하라는 말씀을 쉽게 읊조리면서도 이웃 사랑에 인색했음을 고백하지 않을 수가 없습니다.

예수님은 이런 수준에 머물러 있는 우리에게 강하게 명령하십니다. "너희는 먼저 그의 나라와 그의 의를 구하라" 즉, 하나님의 나라와 의를 다른 어떤 것보다 먼저 구하라는 명령입니다. 세상의 것, 자기의 일이 먼저가 아니라, 하나님의 영광(뜻)과 교회의 직분(사명)에 삶의 우선순위를 분명하게 정하라는 명령입니다(골 1:25). 우리의 삶에 만족이 없다면 그 이유는 두 마음을 품고 있기 때문입니다. 교회는 다니지만, 여전히 세상의 욕망도 포기할 줄 모르기 때문입니다. 진정한 만족은 우선순위를 하나님의 나라와 그의 의에 두고 사는 그리스도인들에게 오는 행복입니다.

"집 하인이 두 주인을 섬길 수 없나니 혹 이를 미워하고 저를 사랑하거나 혹 이를 중히 여기고 저를 경히 여길 것임이니라 너희는 하나님과 재물을 겸하여 섬길 수 없느니라"(눅 16:13)

자녀의 특권(정체성)을 기억해야 합니다

공중의 새도 들의 백합화도 기르시고 입히시는데 하물며 하나님 아버지께서 그보다 더 귀한 당신의 자녀들을 책임지지 않으시겠느냐는 호소입니다 (26-30절). 예수님은 하나님과 우리의 관계를 '천부'(天父)라고 하셨습니다. 하나님의 자녀 됨의 특권을 잊지 말라는 뜻입니다. 이것을 믿지 못한다면 하늘 아버지를 무시하는 것이 됩니다. 우리를 세상의 염려에서 자유롭게 하시는 가장 강력한 메시지는 하늘 아버지에 대한 믿음과 신뢰입니다.

언제나 좋으신 아버지께서 필요한 모든 것을 풍족하게 공급하시겠다고 약속하셨는데 염려하거나 범죄 할 이유가 없습니다. 만족하지 못할 삶이 없습니다. 다툴 일이 있으면 이삭처럼 양보하면 됩니다(창 26:22). 모든 것을 채워주시는 하늘 아버지를 믿는 믿음은 우리의 진정한 만족의 이유와 근거가 됩니다. 더 좋은 것을 예비하셔서 허락해 주십니다. 이것이 자녀 됨의 여유와 품위, 그리고 특권입니다.

"이삭이 거기서 옮겨 다른 우물을 팠더니 그들이 다투지 아니하였으므로 그이름을 르호봇이라 하여 이르되 이제는 여호와께서 우리를 위하여 넓게 하셨으니 이 땅에서 우리가 번성하리로다 하였더라"(창 26:22)

만족함이 없는 신앙은 불신의 죄입니다

"너희 염려를 다 주께 맡기라 이는 그가 너희를 돌보심이라"(벧전 5:7) 여기서 '돌보심'이란 '책임진다', '돌본다' 라는 뜻입니다. 하나님께서는 나의 현재와 미래의 행복에 필요한 모든 것을 이미 공급해 주셨음을 의심 없이 믿고 고백해야 합니다. 본문 28-30절 말씀에서도 언제나 공급해 주시는 좋으신 아버지 하나님이 계시는데 염려한다는 것은 하나님에 대한 가장 무서운 불신의 죄에 해당한다고 책망하고 있습니다.

하나님께서 우리의 모든 필요를 공급해 주실 것이라는 이 믿음 하나만 가지고도 우리의 세상살이는 한결 자유롭습니다. 그러나 만족의 성품은 배운다고 끝난 것이 아닙니다. 먼저 나의 불신앙을 고백하며 기도에 힘써야 합니다(빌 4:6-7). 그리고 이제부터라도 "가진 것에 감사하겠습니다. 없는 것에 불평하지 않겠습니다. 다른 사람을 시기하지 않겠습니다"라고 고백하는 결단과 자신을 쳐서 복종시키는 실천과 훈련을 통하여 예수의 사람으로 세워져 가야 합니다.

"아무것도 염려하지 말고 다만 모든 일에 기도와 간구로 너희 구할 것을 감사함으로 하나님께 아뢰라. 그리하면 모든 지각에 뛰어난 하나님의 평강이 그리스도 예수 안에서 너희 마음과 생각을 지키시리라"(빌 4:6-7)

함께 나눠요

1. 지금 나의 삶의 우선순위는 무엇인가요?

2. 만족함을 가로막고 약화하는 것들은 무엇인가요?

3. 어떻게 해야 만족한 삶을 살 수 하나요?

함께 기도해요

믿음의 형제·자매에게 _____

_____ 기도를 부탁합니다.

신중하지 못한 결과

신중함은 지혜를 짜서 해로운 태도와 말이나 행동을 피하고,
통찰력 있는 조언을 하는 것입니다.

창세기 16장을 보면 사라는 성급함으로 하나님의 약속과 때를 기다리지 못하고, 자신의 여종을 통해 아들을 낳았습니다(2절). 본문의 라헬 역시 하나님의 계획보다 자기 생각과 방법으로 언니를 시기하며, 욕심에 이끌려 자신의 시녀를 통해 아이를 가졌습니다. 라헬은 아이가 없는 것에 대해 남편 야곱에게 "그렇지 아니하면 내가 죽겠노라."고 불평과 원망을 드러냈습니다. 신중함은 지혜를 짜서 해로운 태도와 말이나 행동을 피하고, 통찰력 있는 조언을 하게 합니다. 그런데 라헬은 감정을 다스리지 못함으로 오히려 남편 야곱이 성을 내게 했습니다. 결국 야곱의 책망에 시녀인 빌하를 통해 욕심을 채우게 되었습니다. 이것은 하나님의 뜻보다는 자신의 판단과 방법으로

소그룹 인도

사도신경 : 다 같이 | 찬송 : 452장(통 505) | 기도 : 회원 중 | 본문말씀 : 창 30:1-8
새길말씀 : 딛 2:5 | 헌금 찬송 : 415장(통 471) | 헌금 기도 : 회원 중 | 주기도문 : 다 같이

문제를 해결해보려는 우상숭배와 같습니다.

잠언 2장 11절은 "근신이 너를 지키며 명철이 너를 보호한다"라고 기록하고 있습니다. 하나님의 자녀인 그리스도인들이 실수하지 않는 것은 중요합니다. 왜냐하면, 하나님의 일과 관련되어 있기 때문입니다. 우리의 삶은 하나님의 시간과 관련되어 있습니다. 그러므로 하나님의 때를 묻는 신중함이 필요합니다. 어떠한 옳은 행동일지라도 하나님의 방법과 때를 알고 행동하는 신중함이 있을 때, 하나님의 은혜를 누릴 수 있습니다. 이것이 또한 믿음입니다.

신중함 예화

어느 깊은 산 속에 벌목하는 일꾼이 있었습니다. 그는 날이 예리한 도끼를 가지고 온종일 나무를 찍었습니다. 처음에는 도끼가 예리하여 나무를 잘 찍었지만, 며칠을 계속해서 나무를 찍다 보니 나중에는 날이 무디어져서 힘만 들고 나무는 잘 넘어가지 않게 되었습니다. 그 일꾼은 고민에 빠졌습니다. 날을 다시 갈아서 쓰자니 시간이 없고, 그냥 찍자니 힘이 들고, 결국 성급한 이 일꾼은 자기 힘만 믿고 나무를 찍다가 피곤해져서 자기 발등을 찍고 말았다고 합니다. 지금 우리에게도 날을 갈아서 다시 찍을 수 있는 마음의 신중함과 여유가 절실히 필요한 때입니다.

신중하지 못함은 믿음의 눈을 가립니다

라헬은 자녀 문제 때문에 남편인 야곱과 자주 부부싸움을 했습니다. 야곱은 문제의 본질을 바로 알고 있었지만, 라헬은 하나님이 하실 일을 기다리지 못하고 자신이 하려고 했습니다. 이는 하나님의 뜻을 볼 수 있는 믿음의 눈이 가리어졌기 때문입니다. 그래서 1절, 자신의 눈으로 자신이 "아들을 낳지 못함을 보고"라고 했습니다. 라헬의 이러한 모습은 하나님의 방법(때)이 아닌 자신의 힘으로 일을 성사하고 싶은 성품(욕망)에서 비롯됩니다. 이것은 하나님의 자리에 자신이 앉으려고 하는 불신앙입니다. 이런 모습은 때로는 성냄, 사나움, 교만과 같은 좋지 못한 성품으로 나타납니다.

파괴적인 감정을 다스릴 줄 아는 것이 곧 신중함입니다. 신중함은 그리스도인의 삶의 '순전함', '거룩함', '절제'와 같은 덕목과 함께 신약성경에서 소개되고 있습니다. 디도서 2장 5절은 "하나님의 말씀이 비방을 받지 않게 하기 위함"이라고 신중함의 중요성과 이유를 말씀하고 있습니다. 성급함이 주는 위험은 단순히 일을 그르치거나 실수하는 데 그치지 않고, 더 나아가 하나님의 말씀을 비방 받게 할 수 있다는 것입니다. 라헬은 자신의 성급함으로 인해 야곱과 언니 레아뿐만 아니라, 자신들의 가족 사이에서도 불화의 씨를 남겨 놓았습니다. 오늘 우리의 가정, 이웃, 교회에서 나의 신중하지 못함으로 하나님의 말씀과 교회가 비방 받고 있지는 않은지 깊이 근신해야 합니다(벧전 5:8). 신중함은 하나님의 시간과 때를 기다리며, 그분을 삶 속에서 인정하는 아름다운 신앙 성품입니다.

> "근신하라 깨어라 너희 대적 마귀가 우는 사자 같이 두루 다니며 삼킬 자를 찾나니"(벧전 5:8)

신중함이 있는 곳에 감사와 평화가 있습니다

신중함은 감사할 수 없는 중에도 감사하게 합니다. 라헬은 언니 레아에 비하면 많은 것을 가진 여인이었습니다. 남편 야곱은 그녀를 얻기 위하여 14년을 노동할 정도로 사랑을 받은 아름다운 여인이었습니다(창 29:17). 그녀의 부족이라면 자녀가 없는 것뿐이었습니다. 모든 것을 가졌으나 감사할 줄 모르는 삶은 신중하지 못한 그녀의 성품에서 비롯됩니다. 그녀가 조금만 신중했더라면 하나님이 주신 모든 것에 감사했을 것입니다. 이렇게 신중함은 우리의 형편을 하나님의 관점에서 살필 수 있는 지혜를 줍니다.

또한 신중함은 평화를 가져옵니다. 본문에서 라헬의 신중치 못한 몇 가지 행동들이 나오는데 1절에서 "언니를 시기하여", 3절에 "여종 빌하에게로 들어가라"입니다. 라헬은 겉보기에는 행복하고 다 가진 여인이었습니다. 하지만 그녀의 마음에는 관계를 깨는 쓴 뿌리가 있었습니다(히 12:15). 조금 더 생각하고 자신을 돌아볼 수 있었다면 그녀는 남편과 언니, 온 가정이 평화를 누렸을 것입니다. 그러나 그녀의 신중하지 못한 성품이 가정의 평화를 깨고 말았습니다. 이렇게 라헬의 죽음을 불사한 시기와 성급한 행동은 야곱의 가정을 갈등의 소용돌이로 몰고 갔습니다. 라헬이 거기서 멈춰 '하나님의 뜻을 기다렸다면?' 하는 아쉬움만 남게 됩니다. 신중하지 못한 말이나 행동은 한순간에 이루어지지만, 그 후회는 평생 갑니다.

"지혜로운 자의 마음은 그의 입을 슬기롭게 하고 또 그의 입술에 지식을 더하느니라"(잠 16:23)

함께 나눠요

1. 신중하지 못해서 후회했던 경험은 없나요?

2. 성급함으로 다른 사람(자신)에게 상처를 준(받은) 적은 없나요?

3. 신중함으로 오는 유익들이 있다면 무엇인가요?

함께 기도해요

믿음의 형제·자매에게 _____

_____ 기도를 부탁합니다.

광풍 속에서 빛을 낸 신중함

신중함은 지혜를 짜서 해로운 태도와 말이나 행동을 피하고,
통찰력 있는 조언을 하는 것입니다.

  죄인의 신분으로 로마로 압송되던 사도 바울은 당시 지중해 연안에서 곡물을 수송하는 배를 탔습니다. 배는 지중해 항구를 거쳐 아름다운 항구라 불리는 미항에 이르게 되었습니다. 바울은 항해를 계속하는 것은 매우 위험한 일임을 백부장과 선주, 선장에게 말했지만, 상선의 특성상 일찍 도착해야 제값을 받을 수 있기에 그들은 바울의 말을 무시하게 되었습니다. 그러나 순항을 하던 배는 얼마 후, 유라굴로라는 광풍을 만나 그 속에서 며칠을 보내고 구원의 여망도 없이 절망에 이르게 되었습니다. 이때 바울은 배 안의 모든 사람에게 하나님의 구원 메시지를 전하고, 결국 모두는 육지에 상륙하여 구원을 얻게 되었습니다.

소그룹 인도

사도신경 : 다 같이 | 찬송 : 440장(통 497) | 기도 : 회원 중 | 본문말씀 : 행 27:21-44
새길말씀 : 잠 14:17 | 헌금 찬송 : 342장(통 395) | 헌금 기도 : 회원 중 | 주기도문 : 다 같이

우리는 환난을 만나면 우왕좌왕하게 됩니다. 눈에 보이는 것이 전부인 줄 착각하고 압도당합니다. 결국, 오판하게 되고 좌절의 삶을 살게 됩니다. 선원들은 광풍 속에서 아무것도 할 수 없었습니다. 그러나 바울은 이미 실패한 상황, 광풍의 상황에서도 하나님을 향한 기도의 줄을 놓지 않았고 하나님의 때와 뜻을 기다리는 신중함으로 배에 함께 탄 모든 사람을 구원하게 되었습니다.

신중함은 위기 가운데 더욱 빛이납니다

바울은 항해의 위험을 모든 사람에게 알렸습니다. 그러나 하나님을 알지 못하는 백부장 율리오는 자연의 법칙을 정하시고 다스리시는 하나님의 놀라운 능력을 알 수 없었습니다. 따라서 그는 당연히 바울의 말보다 선주나 선장의 말을 더 신뢰하고 항해를 명령했습니다. 신중한 태도를 보인 바울과는 달리 신중하지 못한 저들의 결정이 그들을 위험에 처하게 했습니다. 그리스도인들에게도 삶의 모든 영역 속에서 하나님의 섭리와 우리를 인도하시는 성령님을 인정하는 신중함이 있어야 삶을 위협하는 상황에 빠지지 않게 됩니다(잠 3:6).

이러한 신중함은 인간적인 방법으로는 되지 않습니다. 오직 믿음으로만 가능합니다. 하나님께서 성령을 통하여 깨닫게 하시는 은혜 없이는 하나님의 방법과 하나님의 일을 인정할 수 없습니다. 또한, 자연의 섭리를 주관하시는 하나님의 의도도 깨달을 수 없습니다. 바울의 신중한 성품은 자기 삶의 영역에서 일하시는 하나님의 뜻을 바로 볼 수 있는 능력을 갖추게 했습니다.

"내 사랑하는 형제들아 너희가 알지니 사람마다 듣기는 속히 하고 말하기는 더디 하며 성내기도 더디 하라"(약 1:19)

신중함의 근원은 하나님입니다

유라굴로 광풍으로 인하여 바울의 일행이 탄 배가 표류를 거듭하게 되자 그들은 굶주리며 구원의 소망을 잃고 절망 가운데 빠졌습니다. 그때 바울은 자신의 말을 듣고 출항하지 않았으면 이런 일을 겪지 않아도 됨을 상기시킵니다. 그러나 바울이 이렇게 말한 것은 단순한 책망이 아니라, 사람의 생각보다 하나님의 능력을 상기시키려고 한 의도였습니다(9-11절). 인간이 가지고 있는 경험은 때론 유용하기도 하지만 하나님의 말씀과 뜻은 완전하며 틀림이 없습니다.

이러한 바울의 신중함은 인간의 경험에서 온 것이 아니라, 하나님의 계시에 근거한 것이었습니다. 이것은 그가 금식 기간에 받은 것으로 알 수 있습니다. 바울은 배가 떠나기 전에도 신중한 태도를 보였을 뿐만 아니라, 배가 항해를 시작하고 광풍을 만나는 순간에도 환경과 사람들의 소리를 듣기보다 하나님께 집중하고 있었습니다. 그리고 두려워 떨고 있는 이들을 향해 "이제는 안심하라 너희 중 생명에는 아무 손상이 없겠고 오직 배뿐이리라."는 하나님의 말씀으로 위로를 선포했습니다. 바울이 어떠한 상황 속에서도 신중함을 잃지 않을 수 있었던 것은 하나님만 바라보았기 때문입니다.

"내 아들아 완전한 지혜와 근신(신중)을 지키고 이것들이 네 눈앞에서 떠나지 말게 하라"(잠 3:21)

신중함은 하나님의 영광을 드러냅니다

그리스도인은 '세상의 빛'이 되어야 합니다(마 5:14). 해도 별도 보이지 않는 광풍 속에서 구원의 소망을 잃어버린 절망 가운데 있는 저들에게 바울은 "이제는 안심하라."고 확신에 찬 말로 격려하면서 일행들에게 소망의 빛, 생명의 빛이 되었습니다. 하나님은 바울의 신중한 성품을 통하여 하나님을 전하게 하셨고, 일행들에게 하나님을 인정하도록 했습니다. 바울은 이 모든 일을 알게 하신 이가 하나님이심을 밝히고 있습니다. 이제는 선원들도 그의 말을 신뢰하게 되었습니다. 바울은 어떤 상황에서도 하나님보다 앞서가지 않았습니다. 출항 전에도 그들을 설득할 수 있었으나 신중한 태도를 보였으며, 광풍 속에서도 자신이 옳다고 말할 수 있었으나 하나님의 사자가 나타나기 전까지 그는 신중함을 잃지 않았습니다.

바울은 이런 상황을 하나님이 주신 기회로 여겨 일행들에게 하나님이 하신 일과 하실 일에 대하여 선포했습니다. 일행들은 바울의 말을 절대적으로 믿고 변화되었습니다. 그는 배에 있는 모든 사람의 구원자요, 위로자의 역할을 감당했습니다. 또한, 모든 일을 하나님의 이름으로 행했습니다. 35절을 보면 음식을 먹는 모습이 마치 성찬을 나누는 모습과 같습니다. "떡을 가져다가 모든 사람 앞에서 하나님께 축사하고 떼어 먹기를 시작하매 그들도 다 안심하고 받아먹으니" 한 그리스도인의 신중함이 얼마나 큰 영향력을 끼치는지를 보게 됩니다.

"그러나 너는 모든 일에 신중하여 고난을 받으며, 전도자의 일을 하며 네 직무를 다하라"(딤후 4:5)

함께 나눠요

1. 생각지 않는 환난이나 고난을 만나면 어떻게 행동하나요?

2. 나의 신중함의 기초는 어디에서 시작된 것인가요?

3. 당신은 왜 신중한 그리스도인이 되기를 원하나요?

함께 기도해요

믿음의 형제·자매에게 _____

_____ 기도를 부탁합니다.

신중함의 모범

신중함은 지혜를 짜서 해로운 태도와 말이나 행동을 피하고,
통찰력 있는 조언을 하는 것입니다.

베드로와 제자들은 어떤 상황이 와도 예수님을 떠나지 않겠다고 호언장담했습니다. 그러나 예수님은 그들의 말에 흔들리지 않으시고 바로 자신이 해야 할 태도를 보이셨습니다. 예수님은 인간의 방법이 아닌 겟세마네 기도를 통하여 하나님의 뜻과 계획에 순종하셨습니다. 라헬의 예에서도 볼 수 있듯이 사람이 자신에게 닥친 상황을 자신의 눈으로만 볼 때, 문제를 성급하게 해결하려고 합니다. 제자들 역시 예수님이 "너희가 다 나를 부인하리라"는 말씀을 하실 때, 주와 함께 죽을지언정 예수님을 죽음에 내몰지는 않겠다고 충성 서약을 했습니다. 그러나 예수님은 그들의 서약이 필요한 것이 아니라, 함께 기도해 줄 사람이 필요했습니다. 그래서 제자들에게 기도해 줄 것을 요

소그룹 인도

사도신경 : 다 같이 ｜ 찬송 : 498장(통 275) ｜ 기도 : 회원 중 ｜ 본문말씀 : 마 26:30-46
새길말씀 : 마 26:41 ｜ 헌금 찬송 : 282장(통 339) ｜ 헌금 기도 : 회원 중 ｜ 주기도문 : 다 같이

구하셨습니다. 하나님이 맡기신 인류 구원의 대 사역을 위해 기도하는 신중함을 보여주셨습니다.

　마지막 겟세마네 동산에서의 기도와 체포 전까지의 본문은 예수님이 제자들과 우리 모두에게 어떻게 신중해야 하는지 그 모범을 보여주십니다. 그러나 하나님의 뜻을 몰랐던 제자들은 예수님의 동역자로 언행에 신중하지 못했습니다. 하나님의 뜻을 아는 그리스도인들은 신중하게 기도하며 준비하는 지혜를 배워야 합니다.

모든 상황을 하나님의 눈으로 보았습니다

　예수님은 하나님의 뜻과 계획을 이루기 위해 기도하는 일을 선택하셨습니다. 오늘 본문의 겟세마네 기도가 의미 있는 것은 '할 것인가? 말 것인가?'를 결정하는 기도가 아닙니다. 인류 구원의 기도는 예수님의 일생과 사역을 통해 항상 있었고 겟세마네 기도를 통해서는 "아버지의 원대로" 되기를 원하는 선포를 하고 계십니다. 이처럼 신중함은 하나님의 방법과 때를 아는 것입니다. 예수님은 전 생애를 통해 하나님보다 절대 앞서지 않으셨습니다. 하나님의 뜻을 살피고 원하시는 일을 하시기 위해 항상 하나님과 대화하셨습니다. 그래서 예수님은 십자가 위에서 "다 이루었다"라고 선언할 수 있었습니다.

　상황이 변하면 우리의 생각도 바뀝니다. 사람이 변하면 처세도 달라집니다. 깊이 있는 섬김이나 끝까지 맡겨진 일에 대한 신중함도 사라집니다. 사람 따라 원칙도 변하고, 방법도 변한다면 결코 하나님의 일은 이룰 수 없습니다. 그래서 신중함은 과거의 문제를 보고, 사람이나 계획의 가능성을 생각해 냅니다. 다른 사람의 흠이나 약점에 대한 해결책을 보고, 그것을 소통할 줄 안다면 새로운 삶이 열립니다. 그것 자체가 희망입니다. 예수님은 하나님의 눈으로 세상과 문제를 보셨습니다. 그리고 소통하셨습니다. 모든 초점이 하나님께 있다는 것을 선언하셨습니다.

"우리가 그의 계명을 지키면 이로써 우리가 그를 아는 줄로 알 것이요"(요일 2:3)

결정의 순간 기도로 하나님의 뜻을 구했습니다

예수님이 보여주신 기도는 자신의 감정이나 성품까지도 하나님께 맡기며 하나님의 뜻을 구하는 신중함 자체였습니다. 본문에는 예수님의 감정을 표현한 구절들이 나옵니다. "고민하고 슬퍼하사", "죽게 되었으니", "얼굴을 땅에 대고"와 같은 표현을 보면 우리의 감정과 다르지 않은 것을 볼 수 있습니다. 누구나 공감할 수 있는 감정들입니다. 원망과 같은 쓴 뿌리도 나올 수 있습니다. 하지만 예수님은 늘 자신의 감정보다 '아버지의 뜻'이 우선이었습니다.

지금 내가 느끼는 불편한 감정들 때문에 혹시 잘못된 판단을 하고 있지는 않습니까? 그렇다면 정신을 차리고 근신하며 기도해야 합니다(벧전 4:7). 다른 사람에게 조언할 지혜가 있으면서도 자신의 두려움과 분노의 감정을 다스리지 못하는 사람이 있습니다(잠 19:11). 하나님의 눈으로 이 상황을 바로 보고, 그러한 감정들이 정리하는 것이 먼저입니다. 그러므로 하나님께 조용히 나아가 겸손히 무릎 꿇고 하나님의 뜻을 구해야 합니다.

"만물의 마지막이 가까이 왔으니 그러므로 너희는 정신을 차리고 근신하여 기도하라"(벧전 4:7)

하늘의 지혜와 십자가의 능력을 주셨습니다

신중한 사람을 부정적으로 표현하면 '소극적'이고 '조심성'이 많은 사람이라고 볼 수 있습니다. 보이는 모습을 보면 지지부진하고 결단력이 없어 보입니다. 오히려 본문에서 베드로가 힘 있고 멋있어 보입니다(33절). "모두 주를 버릴지라도", "~지언정" 용기 있는 모습에서 무엇이든지 이룰 것 같이 보입니다. 그러나 예수님은 그런 베드로의 결말을 이미 아셨습니다. 마태복음 16장에서도 베드로는 예수님의 십자가 죽음에 대한 말씀을 듣고 '그런 일은 절대 일어나지 않을 것이다'라고 단언하지만 예수님의 책망을 듣습니다(마 16:23).

본문에서 베드로의 눈에 비친 예수님은 어쩌면 답답하고 결단력 없는 분으로 보였습니다. 그러나 예수님은 자신이 가야 할 길에 대해 신중하게 하나님과 대화를 나누며 오셨기 때문에 하나님이 원하시는 십자가의 길을 가실 수 있었습니다. 그 십자가는 베드로의 말처럼 실패가 아닙니다. 너무 소극적인 방법이 아닙니다. 그것은 신중한 성품으로 하나님의 때와 하나님의 방법을 알고 계신 예수님의 결단력 있는 기도와 희생으로 이루어졌습니다. 이처럼 신중한 성품을 가진 하나님의 동역자는 결코 포기할 줄 모릅니다. 또한, 옳고 그름을 분별하는 새로운 시각을 열어 옳은 것을 선택하고 행동하게 하셨습니다. 이것이 신중한 자에게 주시는 하나님의 지혜와 능력입니다.

"슬기로운 자는 재앙을 보면 숨어 피하여도 어리석은 자들은 나가다가 해를 받느니라"(잠 27:12)

함께 나눠요

1. 당신의 선택과 결정의 기준과 가치는 무엇인가요?

2. 신중하지 못하게 하는 자신의 쓴 뿌리(불편한 감정)는 무엇인가요?

3. 신중하지 못해서 낭패를 본 기억은 없나요?

함께 기도해요

믿음의 형제·자매에게 ~~~~~~~~~~~~~~~~~~~~~~~~

~~~~~~~~~~~~~~~~~~~~~~~~~~~~~~ 기도를 부탁합니다.

부활하신 주님이 만난 사람들

담대함은 옳은 일을 해서 당하는 고난이 사랑의 큰 능력을 낳으므로
그 고난을 기쁘게 맞는 것입니다.

부활하신 예수님이 가장 먼저 만난 사람들은 누구일까요? 만일 우리가 예수님이었더라면 아마도 대제사장이나 공회원들에게 나타나 먼저 '내가 전능하신 하나님의 아들'임을 밝히려고 했거나 로마 군인들에게 나타나 '권능으로 전능자'임을 입증하려고 했을지도 모릅니다.

그러나 예수님은 달랐습니다. 당신의 죽음을 슬퍼하며 낙심하고 있는 사람들을 가장 먼저 찾아가고 만나셨습니다. 우리는 이러한 주님의 모범을 통하여 부활절 주님이 주시는 말씀을 만날 수 있습니다.

소그룹 인도

사도신경 : 다 같이 | 찬송 : 161장(통 159) | 기도 : 회원 중 | 본문말씀 : 요 11:24-29
새길말씀 : 요 20:28 | 헌금 찬송 : 160장(통 150) | 헌금 기도 : 회원 중 | 주기도문 : 다 같이

울며 무덤을 찾아갔던 여인들을 만나셨습니다

이 여인들은 갈릴리에서부터 예수님의 일행과 동행하며 자신들의 소유를 팔아 섬겼습니다. 제자들이 도망쳤을 때도 예루살렘까지 가서 예수님이 운명하시는 모습을 지켜봤습니다(마 27:55). 그리고 예수님의 몸에 바를 향품까지 준비했습니다(눅 24:1). 심지어 이 여인들은 새벽녘에 무덤이 있는 곳을 찾아갔습니다. 무덤은 대낮이라도 망설여지는 곳입니다. 그러나 '온전한 사랑은 두려움을 내쫓는다'라는 말처럼(요일 4:18) 이 여인들은 안식 후 첫날 아직 어두울 때 무덤까지 찾아갔습니다.

예수님 당시 여성은 인원수에서 제외될 정도로 연약하고 가치 없는 존재였습니다. 그런데 주님은 평소에도 여성들을 하나님이 창조하신 귀중한 생명으로 여기셨고 부활하신 이후에도 이들을 만나셨습니다. 우리는 부활하신 예수님이 여인을 찾아가 만나신 사건을 통하여 부활절에 주시는 주님의 음성을 들어야 합니다. 부활하신 주님이 하신 것처럼, 소외되고 연약한 사람들을 찾아가 하나님이 창조하신 귀중한 존재로 인정하고 사랑을 실천해야 합니다. 이것이 바로 주님의 부활을 기억하고 동참하는 일입니다.

"막달라 마리아가 가서 제자들에게 내가 주를 보았다 하고 또 주께서 자기에게 이렇게 말씀하셨다 이르니라"(요 20:18)

슬픔과 두려움 속에 낙심하던 제자들을 찾아가 만나셨습니다

예수님이 이스라엘을 구원해 주실 분으로 알고 따르던 제자들은 예수님의 죽음을 보고 실망하며 슬픔에 잠겼습니다. 두 제자 역시 그들의 고향인 엠마오로 갔습니다(눅 24:13, 17). 슬퍼하며 서로 이야기하는 제자들에게 나타나신 예수님은 왜 슬퍼하는지, 무슨 이야기를 나누는지를 물으셨습니다. 예수님은 낙심하여 고향으로 돌아가는 제자들을 만나셨습니다.

부활하신 예수님을 만난 두 제자는 가던 길을 돌이켜 예루살렘으로 왔습니다. 그리고 예수님이 죽임당하신 이후, 다락방에 모여 슬퍼하며 두려움 속에 있던 제자들에게 부활하신 예수님을 만났다고 전했습니다. 예수님은 두 제자를 만나셨던 것처럼, 다락방의 제자들을 찾아가 "너희에게 평강이 있을지어다"라고 말씀하시며 위로해 주셨습니다.

우리도 제자들을 찾아가 위로하던 부활하신 예수님의 모습에서 부활의 의미를 되새겨야 합니다. 부활하신 주님이 슬픔과 두려움 속에 있던 제자들을 찾아가 위로하신 것처럼 낙심한 성도와 이웃을 찾아가 위로하는 것이 주님의 부활에 동참하는 것입니다.

"이 말을 할 때에 예수께서 친히 그들 가운데 서서 이르시되 너희에게 평강이 있을지어다 하시니"(눅 24:36)

실패한 사람들을 만나셨습니다

부활하신 예수님이 찾아가 만난 사람들은 한결같이 예수님을 만날 면목이 없는 사람들이었습니다. 그들은 예수님을 지켜드리지 못한 채 도망치고 부인하였고, 두려움과 슬픔 속에 낙심하여 낙향한 실패한 사람들이었습니다. 예수님은 그런 사람들을 찾아가셔서 그들의 슬픔을 기쁨으로, 두려움을 담대함으로 바꿔주셨고, 낙담하던 그들에게 소망을 주셨습니다.

부활하신 예수님은 지금도 믿음 생활을 중단하거나 삶 속에서 실패한 사람들을 찾으시고 만나셔서 위로해 주십니다. 성도인 우리도 예수님을 본받아 실패하고 상처로 고통받는 사람들을 찾아가 위로하고 소망을 주어야 합니다. 이것이 부활절을 기념하고 참여하는 성도들의 본분입니다.

"상한 갈대를 꺾지 아니하며 꺼져가는 심지를 끄지 아니하기를 심판하여 이길 때까지 하리니 또한 이방들이 그의 이름을 바라리라 함을 이루려 하심이니라"(마 12:20-21)

|함|께| |나|눠|요|

1. 교회는 부활절을 무엇 때문에 중요한 절기로 지킬까요?

2. 그동안 성도님이 생각했던 부활절의 의미는 무엇이었나요?

3. 연약한 사람, 낙심한 사람, 실패한 사람을 어떻게 위로할 수 있을까요?

|함|께| |기|도|해|요|

믿음의 형제·자매에게 _____

_____ 기도를 부탁합니다.

맥추절을 지키라

감사는 하나님과 다른 사람들에게 그들이 내 삶에 준 혜택에 대해
진심으로 고마움을 표현하는 것입니다.

이스라엘 백성이 지키는 3대 절기는 유월절, 맥추절, 초막절입니다. '유월절'은 이스라엘이 애굽의 포로 시절 겪었던 열 번째 재앙에서 벗어난 것을 기념하여 드리는 절기입니다. '맥추절'은 출애굽 이후 이스라엘 백성이 가나안 땅에 들어가서 처음 추수한 곡식을 가지고 감사하며 드렸던 절기입니다. 수장절이라고도 하는 '초막절'은 한 해의 추수를 마치고 창고에 저장한 후 들판에 천막을 치고 일주일을 생활하면서, 지난 광야 생활 40년 동안을 지켜주신 하나님의 은혜에 감사하는 절기입니다.

이처럼 이스라엘이 매년 반드시 지켜야 할 3대 절기에는 하나님과 그분이 행하신 일들에 대한 감사를 잊지 않겠다는 뜻이 담겨 있습니다. '거두어 수

소그룹 인도

사도신경 : 다 같이 | 찬송 : 591장(통 310) | 기도 : 회원 중 | 본문말씀 : 출 23:14-17
새길말씀 : 시 116:12 | 헌금 찬송 : 588장(통 307) | 헌금 기도 : 회원 중 | 주기도문 : 다 같이

확하는 절기'인 맥추절의 참된 의미와 하나님의 백성으로서 어떤 자세로 지켜야 하는지 살펴보겠습니다.

하나님의 은혜를 기억합니다

출애굽 이후 약속의 땅 가나안에서 정착하여 농사를 짓고 수확한 토지 소산의 첫 열매를 하나님께 드리는 것이 맥추절의 기원입니다. 규례를 따라 이스라엘 백성들은 매년 맥추절을 지키고 오늘날 교회와 성도들도 맥추절을 지키고 있습니다.

시간이 흐를수록 맥추절의 깊은 의미는 망각되고 교회 행사 중 하나 정도로 여기는 경우도 있습니다. 그러나 맥추절을 통해 들려주시는 하나님의 뜻을 알고 소중히 지켜야 합니다. 첫 소산을 하나님께 드리는 절기를 지킴으로써 이스라엘이 애굽의 종 되었던 때와 출애굽의 은혜를 기억하여 하나님을 떠나지 않도록 하기 위한 것이 맥추절 준수에 담긴 하나님의 뜻입니다. 즉, 맥추절은 이스라엘 백성의 신앙 유지와 회복을 위한 중요한 절기라는 것입니다. 오늘날도 교회와 성도가 맥추절을 지키는 이유는 우리를 죄의 노예에서 구원하신 하나님의 은혜를 잊지 않으며 천국의 소망을 회복하도록 하기 위함입니다.

"네 하나님 여호와 앞에 칠칠절을 지키되 네 하나님 여호와께서 네게 복을 주신 대로 네 힘을 헤아려 자원하는 예물을 드리고"(신 16:10)

하나님이 주인 되심을 인정합니다

밀이나 보리를 거두고 나서 지키는 절기입니다(출 23:16). 첫 수확에 지키는 절기여서 초실절이라고도 했습니다(출 34:22). 맥추절은 하루만 지키는 절기로 이날에는 성회가 공포되고 노동도 금지되었습니다(민 28:26). 그리고 유월절 후 7주를 지난 50일째 지키는 절기여서 칠칠절 또는 오순절이라고도 불립니다(출 34:22). 오순절에는 보리 추수가 끝나며 밀 추수가 시작되는데, 여기에서 처음 추수한 밀로 만든 빵을 드렸습니다. 이는 농사를 짓는 땅이 개인의 소유가 아니라 하나님께 속한 것이라는 고백으로, 땅의 진짜 주인은 하나님임을 인정하는 것이었습니다. 그리고 동시에 기억해야 할 것은 풍성한 추수는 사람의 노력에 근거한 것이 아니라 비와 바람, 해를 공급해 주시는 하나님의 은혜입니다.

이처럼 우리 역시 삶을 돌아보면, 어느 한 가지도 하나님의 도움 없이 이루어진 것이 없음을 고백하게 됩니다. 그러므로 모든 열매의 기쁨을 주신 하나님의 은혜를 기억하며 감사드려야 합니다.

"이는 만물이 주에게서 나오고 주로 말미암고 주에게로 돌아감이라 그에게 영광이 세세에 있을지어다 아멘"(롬 11:36)

이웃을 돌아볼 기회입니다

하나님이 주신 복을 따라 그 힘대로 감사의 첫 예물을 드렸습니다(신 16:17). 첫 예물은 추수한 시간에서 첫 번이라는 의미보다는 가장 좋은 것을 드렸다는 의미입니다. 그리고 어려운 이웃들과 같이 화목하고 즐거워하며 지켰습니다. "너와 네 자녀와 노비와 네 성중에 거하는 레위인과 너희 중에 있는 객과 고아와 과부가 함께 네 하나님 여호와께서 그 이름을 두시려고 택하신 곳에서 네 하나님 여호와 앞에서 즐거워 할지니라 너는 애굽에서 종 되었던 것을 기억하고 이 규례를 지켜 행할지니라"(신 16:11-12)고 했습니다

애굽의 노예로 어렵게 살았던 때를 기억해서 가난하고 힘들게 사는 사람들과 함께 기뻐하고 즐거워하라는 것입니다. 이렇게 가난하고 어려운 이웃과 화목하라는 것은 지난날을 잊지 말라는 것입니다. 맥추절이 즐거운 절기인 만큼 가난하고 소외된 이웃과 함께 즐겁게 지내야 합니다. 이것이 애굽에서 종 되었던 것을 기억하는 것입니다. 따라서 맥추절을 맞이하여 하나님의 은

혜에도 감사해야 하지만, 가난하고 어려운 이웃들을 생각하며 돌아보는 시간으로 지켜야 합니다.

"하나님 아버지 앞에서 정결하고 더러움이 없는 경건은 곧 고아와 과부를 그 환난중에 돌보고 또 자기를 지켜 세속에 물들지 아니하는 그것이니라"(약 1:27)

함께 나눠요

1. 이 시간 하나님께 드릴 첫 열매(가장 좋은 것)는 무엇인가요?

2. 어느 순간 잊고 있었던, 다시 기억해야 할 은혜는 무엇인가요?

3. 어려운 이웃에게 어떻게 주의 사랑을 나누겠습니까?

함께 기도해요

믿음의 형제·자매에게 _____

_____ 기도를 부탁합니다.

수장절(추수감사)을 지키라

감사는 하나님과 다른 사람들에게 그들이 내 삶에 준 혜택에 대해
진심으로 고마움을 표현하는 것입니다.

수장절(Feast of Ingathering)은 원래 일 년의 추수를 마치고 곡식을
저장하게 된 것에 대하여 하나님께 감사하며 지키는 절기입니다(출 23:16,
34:22). 맥추절이 처음 거둔 열매로 감사드리는 절기라면 수장절은 1년 동
안 모든 농사를 통하여 결실을 거둔 곡식을 저장하게 됨을 감사드리면서 지
키는 절기입니다. 수장절은 장막을 짓는 절기라는 뜻에서 '장막절', 풀로 장
막을 만든다고 하여 '초막절'로도 불립니다. 추수감사절은 역사적으로 영국
의 청교도들이 종교의 자유를 찾아 신대륙인 미국으로 이주한 후 수확에 대
한 감사절로 지킨 것에서 유래됩니다. 이후 1789년 미국의 초대 대통령인 워
싱턴이 추수감사절을 국경일로 정하였고, 1941년 미국 의회 결의로 11월 넷

소그룹 인도

사도신경 : 다 같이 | 찬송 : 587장(통 306) | 기도 : 회원 중 | 본문말씀 : 출 23:16
새길말씀 : 살전 5:18 | 헌금 찬송 : 591장(통 310) | 헌금 기도 : 회원 중 | 주기도문 : 다 같이

째 목요일로 지정하였습니다. 한국교회는 1914년 각 교단 선교부의 회의를 통해 11월 셋째 주일을 추수감사절로 결정했습니다.

추수할 수 있도록 하셨습니다

수장절은 추수를 마치고 하나님께 감사하는 절기입니다. 광야에서의 40년 방황이 끝나고 가나안에 정착한 후에 장막에 거하며 광야 생활하던 때를 기억하면서 하나님께 감사하는 절기입니다.

직접 농사를 짓지 않기 때문에 추수한 것이 없다고 말할 수 있는 사람은 없을 것입니다. 사람이면 누구나 일을 해야 하며 다양한 일들을 통하여 결실을 거두게 됩니다. 결실하게 된 과정을 가만히 되돌아보면 일을 할 수 있도록 비와 햇빛, 계절, 건강 등을 주시고 안전하게 보호해 주신 하나님을 만나게 됩니다. 인간으로서는 조절할 수 없는 것들을 주시는 하나님을 경험하게 되고 추수의 때, 결실하게 하신 그분을 기억하고 감사하는 것은 당연한 일입니다.

성도는 어떤 것보다도 귀한 생명을 얻게 하신 하나님께 감사해야 합니다. 시편 기자는 어머니의 뱃속에서 지으시고 태어나게 하신 하나님께 감사하고 있습니다. "내가 주께 감사하옴은 나를 지으심이 심히 기묘하심이라 주께서 하시는 일이 기이함을 내 영혼이 잘 아나이다"(시 139:14). 온 천하를 주고도 바꿀 수 없는 생명을 추수하게 하신 하나님께 감사하며 그분의 사랑을 보답하는 마음으로 이웃도 생명을 얻도록 헌신하는 것, 이것이 추수감사절을 지키는 성도의 본분입니다.

"보라 아버지께서 어떠한 사랑을 우리에게 베푸사 하나님의 자녀라 일컬음을 받게 하셨는가, 우리가 그러하도다 그러므로 세상이 우리를 알지 못함은 그를 알지 못함이라"(요일 3:1)

함께 즐거워하라고 하셨습니다

추수를 마친 후에 자신은 물론 가족과 노비 그리고 객과 고아와 과부를 돌아보며 함께 기쁨을 나누고 즐거워해야 합니다. 우리는 하나님의 것을 관리하는 지혜로운 청지기로 부름을 받았습니다. 지혜로운 청지기는 주어진 재물과 지위를 자신의 안락과 기쁨을 위해서 사용하지 않습니다. 가난하고 소외당하고 어려운 일들을 돕는 일을 위한 것임을 알고 하나님의 것을 고아와 과부 그리고 어려운 사람들과 나누며 함께 즐거워합니다. 또한 청지기인 성도들은 하나님께서 우리를 이러한 일들에 당신의 손과 발로 초대하셨다는 사실에 감사해야 합니다. 그러므로 성도에게 추수감사절은 소유한 모든 것이 하나님께서 주신 선물이며 하나님께서 주신 것을 가지고 사람을 살리고 세우는 일에 사용하겠다고 다짐하는 감사절이 되어야 합니다.

"절기를 지킬 때에는 너와 네 자녀와 노비와 네 성중에 거주하는 레위인과 객과 고아와 과부가 함께 즐거워하되"(신 16:14)

감사하는 사람이 되라고 하셨습니다

바울은 "우리가 먹을 것과 입을 것이 있은즉 족한 줄로 알 것이니라"고 교훈합니다(딤전 6:8). 진실로 행복한 사람은 많이 가진 사람이 아니라, 자족하며 감사로 누릴 줄 아는 사람입니다. 봄이면 얼었던 땅을 뚫고 나오는 새싹을 보면서 살아 있는 생명력을 느끼고 여름이면 여름에 맞도록 누리고 가을이면 가을을 누리며, 겨울이면 겨울을 사는 것이 자족할 줄 아는 지혜로운 사람입니다.

자족과 감사를 모르는 사람은 하나님께서 자기에게 주신 것을 손에 쥐고도 남의 손에 있는 것을 바라보다가 어리석게 낙망하기도 합니다. 성도는 삶 속에서 주어진 것의 많고 적음 또는 크고 작음에 흔들리는 자가 아닙니다. 하나님께서 자신의 삶에 걸맞은 크기로 주셨음에 감사하며 많든 적든 간에 도리어 주어진 것을 나누며 삽니다. 이것이 추수감사절을 맞는 성도의 본분입니다.

가나안 농군학교를 세우신 김용기 장로님에게 누가 물었습니다. "장로님, 행복하세요?" 그러자 "아니오, 감사합니다."라고 대답했다고 합니다. 그분에게 세상은 하나님의 은혜가 살아 숨을 쉬는 곳이었습니다. 똑같은 현실을 보면서도 불만을 터뜨리는 사람이 있고, 감사의 노래를 부르는 사람이 있습니다. 어느 면을 보고 살지는 자기 선택입니다.

"범사에 감사하라 이것이 그리스도 예수 안에서 너희를 향하신 하나님의 뜻이니라"(전 5:18)

함께 나눠요

1. 한 해 동안 주님께서 주신 은혜를 기억할 때, 특별히 감사할 내용은 무엇인가요?

2. 누구랑 추수한 열매를 나누겠습니까?

3. 생명을 받은 사람으로서, 생명 주신 주님을 누구에게 전하고 싶나요?

함께 기도해요

믿음의 형제·자매에게 _____

_____ 기도를 부탁합니다.

때가 찬 약속

기쁨은 주님과 온전히 교제하여 영이 밝아지고 얼굴에 빛이 나는 것입니다.

매년 12월이 되면 거리는 화려한 성탄 장식으로 불빛이 밝혀지고 익숙한 캐롤송은 사람들의 발걸음을 백화점과 가게로 향하도록 합니다. 아이들은 예수님보다 산타클로스를 더 기다릴 뿐만 아니라 성탄절은 산타클로스 할아버지의 생일이라고까지 말하기도 합니다. 생일, 선물, 하얀 눈 등의 단편적 이미지들로 예수님의 탄생을 표현한다고 볼 수도 있겠지만 진정한 성탄의 참뜻과 기쁨을 전해주지는 못합니다.

성탄절의 진정한 기쁨은 인류를 죄에서 구원할 구세주 예수께서 이 세상에 태어나셨다는 것과 인류구원이라는 하나님의 언약이 시작되었다는 점에 있습니다.

소그룹 인도

사도신경 : 다 같이 | 찬송 : 122장(통 122) | 기도 : 회원 중 | 본문말씀 : 갈 4:4-7

새길말씀 : 마 1:23 | 헌금 찬송 : 109장(통 109) | 헌금 기도 : 회원 중 | 주기도문 : 다 같이

그러나 성탄은 인류의 조상인 아담과 하와가 하나님의 말씀을 어기고 죄를 지었을 때, 구원을 약속하신 하나님의 말씀이 성취된 기쁨의 날입니다. 하나님은 죄로부터 인류를 구원하실 하나님의 독생자이신 예수 그리스도를 약속하신 대로 이 땅에 보내주셨습니다(눅 2:10-11).

하나님의 약속은 반드시 이루어집니다

사람들은 약속을 지키기도 하지만 못 지키거나 안 지키는 경우도 많습니다. 그러나 하나님의 약속은 반드시 이루어집니다. 아담과 하와가 선악과를 먹어 죄를 지어 죽게 되자, 하나님은 구원의 방법을 제시하셨습니다(창 3:15).

"내가 죄악 중에서 출생하였음이여 어머니가 죄 중에서 나를 잉태하였나이다"(시 51:5)라는 말씀처럼 사람은 어머니 태에서 나올 때부터 원죄를 가지고 나옵니다. 세상의 그 누구도 아버지와 어머니를 통하지 않고는 세상에 나올 수 없습니다. 다른 말로 인간을 통한 사람은 모두 죄인이라는 것입니다. 예수님은 죄인인 우리를 죄에서 해방해 줄 뿐만 아니라, 우리와 함께하시고 우리를 도우시기 위하여 오셨습니다. "처녀가 잉태하여 아들을 낳을 것이요 그 이름을 임마누엘이라 하리라"(사 7:14)는 말씀처럼 예수님의 탄생은 우리와 다릅니다. 우리처럼 어머니인 마리아의 배를 통하여 출생하였지만, 성령으로 잉태되었기에 예수님은 죄 없으신 상태로 이 세상에 오셨습니다. 이 모든 일이 일어나게 된 것은 주께서 예언자를 통해 말씀하신 것을 성취하기 위함이었습니다(마 1:22).

"내가 너로 여자와 원수가 되게 하고 네 후손도 여자의 후손과 원수가 되게 하리니 여자의 후손은 네 머리를 상하게 할 것이요 너는 그의 발꿈치를 상하게 할 것이니라 하시고"(창 3:15)

하나님의 약속은 정하신 때에 이루어집니다

'여자의 몸에서 나신다' 라는 구세주는 지금으로부터 약 2천 년 전에 마리아의 몸을 통해 태어나셨습니다. 아담의 후손인 인류는 모두 남자의 자손입니다. 마태복음 1장을 통해서도 알 수 있듯이 남자인 아브라함이 이삭을 낳고, 이삭이 야곱을 낳고, 야곱이 유다를 낳습니다. 즉 '누가 누구를 낳고, 누가 누구를 낳았다' 라고 되어 있지만, 예수님의 탄생을 기록한 부분에서는 표현이 다릅니다. "마리아에게서 그리스도라 칭하는 예수가 나시니라"(마 1:16) 이는 예수님은 이전의 어떤 존재들과도 구별되는 새로운 존재이고, 그 태어남은 인간의 뜻에 의한 것이 아니라, 하나님의 뜻에 의한 것임을 드러내기 위한 표현이라고 볼 수 있습니다.

이처럼 예수님은 유다 지파의 동정녀인 마리아에게서 여자의 자손으로 태어나셨습니다. 왜냐하면 남자의 자손들은 어머니가 죄 중에 잉태하였기에 태어날 때부터 이미 죄인이기 때문입니다(시 51:5). 그래서 우리의 죄를 담당할 하나님의 어린양인 예수님은 여자의 몸에서 태어나셔야 했습니다. '처녀가 아들을 낳는다' 라는 약속이 사람들에게는 불가능해 보이지만, 전능하신 하나님은 하나님의 때가 차자 그 아들을 동정녀에게서 낳게 하셨습니다.

"때가 차매 하나님이 그 아들을 보내사 여자에게서 나게 하시고 율법 아래에 나게 하신 것은 율법 아래에 있는 자들을 속량하시고 우리로 아들의 명분을 얻게 하려 하심이라"(갈 4:4-5)

하나님의 약속은 기쁨입니다

성탄절은 기쁨의 날입니다. 하나님이 세상을 사랑하사 독생자를 주신 날이며, 세상과 함께하시는 '임마누엘' 날입니다. 독생자인 예수님은 모든 인류의 죄를 사하시려고 오셨습니다. 이 예수님을 믿으면 하나님의 자녀가 되어(요 1:12) 하나님을 '아빠 아버지' 라 부를 수 있는 자격을 얻게 됩니다.

'아빠(Abba)'란 말은 아람어로 어린이들이 자신의 아버지를 부르던 말입니다. 우리도 아이들이 자신의 아버지를 '아빠'라고 부르고 있는데 구원받은 하나님의 자녀들은 하나님을 자신들의 '아빠 아버지'라 부를 수 있게 된 것입니다. 우리를 자녀 삼으실 뿐 아니라 하늘나라를 상속받는 자격자로 삼아 주셨습니다.

세상이 줄 수 없는 참된 기쁨을 하나님이 주셨습니다. 이처럼 놀라운 기쁨의 소식을 듣고 받았기에 주의 자녀답게 마땅히 삶 속에 기쁨을 드러내야 할 뿐만 아니라, 이 기쁨을 가족과 이웃에게 전해야 합니다. 주님을 만난 사람에게는 기쁨, 예배, 감사가 있습니다.

"소망의 하나님이 모든 기쁨과 평강을 믿음 안에서 너희에게 충만하게 하사 성령의 능력으로 소망이 넘치게 하시기를 원하노라"(롬 15:13)

함께 나눠요

1. 성탄의 기쁨을 누구에게 전하겠습니까?

2. 말씀 안에서 약속이 성취된 사건을 구체적으로 나누세요.

3. 기도하면서 기다리고 있는 약속이 있나요?

함께 기도해요

믿음의 형제·자매에게 _____

_____ 기도를 부탁합니다.